| 西方零售管理名著译丛 |

王胜桥　曹　静／主编

零售品类管理

RETAIL
CATEGORY MANAGEMENT

［美］德博拉·C.福勒（Deborah C. Fowler）
［美］本·K.吴（Ben K. Goh）◎著
沈荣耀◎主译

经济管理出版社
ECONOMY & MANAGEMENT PUBLISHING HOUSE

北京市版权局著作权合同登记：图字：01－2018－7202

原书 ISBN：978－0－13－515208－9

图书在版编目（CIP）数据

零售品类管理/（美）德博拉·C. 福勒（Deborah C. Fowler），（美）本·K. 吴（Ben K. Goh）著；沈荣耀主译. —北京：经济管理出版社，2019.6

（西方零售管理名著译丛/王胜桥，曹静主编）

ISBN 978－7－5096－6182－6

Ⅰ.①零…　Ⅱ.①德…②本…③沈…　Ⅲ.①零售业—商业管理—教材　Ⅳ.①F713.32

中国版本图书馆 CIP 数据核字（2018）第 274810 号

组稿编辑：梁植睿
责任编辑：梁植睿
责任印制：黄章平
责任校对：王纪慧

出版发行：经济管理出版社
　　　　　（北京市海淀区北蜂窝 8 号中雅大厦 A 座 11 层　100038）
网　　址：www.E－mp.com.cn
电　　话：(010) 51915602
印　　刷：三河市延风印装有限公司
经　　销：新华书店
开　　本：787mm×1092mm/16
印　　张：10.25
字　　数：192 千字
版　　次：2019 年 6 月第 1 版　　2019 年 6 月第 1 次印刷
书　　号：ISBN 978－7－5096－6182－6
定　　价：48.00 元

主编者序

20 世纪 90 年代，上海商学院率先在全国高校开始了连锁与零售管理专业人才的培养，开设的连锁经营管理专业和工商管理专业，先后成为上海市本科教育高地，上海市"十二五"重点建设专业，上海市应用型本科转型试点专业，教育部国家特色专业；曾获国家教学成果二等奖、上海市教学成果一等奖；专业教学团队先后两次获"上海市级教学团队"称号。

随着互联信息技术的迅猛发展，消费主体的变化和需求多样化，服务经济与体验经济的到来，我国商业零售业也进入了新时代。新零售、新技术、新模式、新管理，对零售专业人才的培养提出了新要求，2017 年经教育部特批，上海商学院又设立了全国高校第一个零售业管理本科专业，并在 2018 年成为上海高校一流本科建设项目核心专业。

零售业管理一流本科专业的建设，强调专业人才的国际化视野培养，注重专业教学资源的国际化：把国外零售管理领域的最新优秀教材和成果引进来，结合我国零售发展理论与实践，融入专业人才的培养中。这套即将出版的译丛正是我们一流本科建设教学资源国际化的具体体现，内容既有零售管理的基础知识，又有零售管理最新的理论和研究进展。

英国赫瑞瓦特大学约翰·弗尼（John Fernie）教授等三位顶级零售学专家合著的《零售学原理》（原书第 2 版）不仅关注传统零售主题，还涉及最新的在线零售发展、提升顾客体验新技术等内容。该书由高振博士和赵黎黎副教授主译。分工如下：高振（第 1 ~ 6 章、第 9 ~ 12 章并统稿），赵黎黎（第 7 ~ 8 章）。

英国卡迪夫威尔士大学尼尔·里格利（Neil Wrigley）教授主编的《商店选择、店面选址与市场分析》汇集了店面选址领域新成果与市场分析预测方法。该书由曹静教授主译。分工如下：曹静（第 1 ~ 2 章并统稿），沈荣耀（第 3 章），朱蓓倩（第 4 ~ 5 章），高振（第6章），吕洁（第7~9章），赵黎黎（第10~13章）。

美国得克萨斯理工大学德博拉·C.福勒（Deborah C. Fowler）和本·K.吴（Ben K. Goh）教授的《零售品类管理》是深入解读品类管理最新模型与理念的先锋之作，涵盖各类零售技术与品类管理方法。该书由沈荣耀副教授主译。分工如下：吕洁（第1~2章），赵黎黎（第3~4章），郑蓓（第9~10章），沈荣耀（第5~8章及统稿）。

美国密苏里大学埃梅克·巴斯克（Emek Basker）教授主编的《零售与分销经济学手册》整合了各国最新研究成果，强调方法论运用并分析了零售业态、技术、数据等方面新动态。该书由吕洁博士主译，分工如下：赵黎黎（第1~3章），高振（第4~5章），朱蓓倩（第10~12章），吕洁（第6~9章、第13~20章并统稿）。

丛书的翻译历时两年多，每本著作均几易其稿，才呈现在大家面前。出版之际，得到文启湘教授和陈启杰教授两位国内流通学界前辈的大力支持，非常感谢！但由于专业教学团队水平有限，翻译中难免有错误之处，敬请行家与读者批评指正！

上海商学院管理学院院长 教授 博士

王胜桥

2018 年 10 月 10 日

序　一

近年来，我国零售业发展非常迅速，雄厚的市场基础和广阔的发展前景使我国成长为全球第二大零售市场。随着网络技术的快速革新，以及国内外众多零售品牌的不断涌现，全国商品、服务的实体零售和线上零售迅速增长。然而，国际市场的冲击、宏观政策的调整、居民消费观念的转变等也给我国零售业带来了较大的冲击。作为我国第三产业的主体，零售业目前正面临前所未有的竞争态势，其未来发展势必会对我国整体经济发展产生重要的影响。在这复杂多变的环境中，零售企业的改革与发展之路正面临一系列难题。例如，如何推动技术升级、如何改善客户服务、如何提升品牌价值、如何提高盈利能力等。对零售管理问题的系统学习和深入探讨，对于全面提升我国本土零售企业的市场竞争力具有十分重要的意义。

零售管理相关理论诞生于西方发达国家。到目前为止，国外已有较多院校开设了零售管理或零售学相关专业课程，主要分布在美国、英国、加拿大、新西兰等国家。例如，美国的南卡罗来纳大学（University of South Carolina）、亚利桑那大学（University of Arizona in Tucson）、西蒙斯学院（Simmons College）等，英国的罗汉普顿大学（University of Roehampton）、南安普顿大学（University of Southampton）、萨里大学（University of Surrey）等，以及加拿大的约克大学（York University-CA）、阿尔伯塔大学（University of Alberta）、瑞尔森大学（Ryerson University）等。其中，有些院校的零售管理教学关注了某些特定的行业（如奢侈品、服装、酒店等），有些高校的企业管理专业主要偏向于零售管理（如得克萨斯理工大学）。相对而言，国内零售管理教学起步较晚，只有为数不多的一些高校开设有专门的零售管理类课程。基于学习现代零售经营管理理论、熟悉零售企业实务、掌握零售企业运营特点和管理模式的迫切需求，国内零售管理方面的教学和研究势头方兴未艾。

2017 年 3 月，上海商学院获国家教育部批准设立了零售业管理专业。这是全国高校第一个零售业管理的本科专业，也是教育部国家特色专业和上海市第一批应用型本科试点建设专业。上海商学院该专业教师团队梳理了当前美国、英国、法国等多个发达国家的零售管理相关专业的教学材料及研究现状，从西蒙斯学院、布莱顿大学（University of Brighton）等国外高校引入一系列教学资源，建立了较为完整的工商管理（零售管理）课程体系。其中，将《零售学原理》（原书第 2 版）、《商店选择、店面选址与市场分析》《零售品类管理》《零售与分销经济学手册》这四本教学及研究著作纳入丛书的编订范围，由上海商学院零售业管理专业教师团队进行翻译和审校。

这套丛书所选的书目，既涉及零售业相关的基础知识，又关乎零售管理方面的最新理论和研究进展，涵盖了零售业动态、零售运营、在线零售、信息系统、零售物流、社会责任、品类管理、采购与供应链、价值链管理、零售选址、零售服务、市场预测、定价策略、品牌管理、零售机构、技术创新、商业博弈、渠道整合、大数据等重要的和最新的领域，反映了当前零售学界的最新研究成果。在图书版本的甄选上，遵循权威性高、知识体系完整、内容丰富充实、观点资料新颖、兼顾专业教学和学术研究等原则，针对多个版本召开专家论证会后方确定最终的版本。在组织翻译和出版的过程中，上海商学院零售业管理专业教师团队在译者甄选、翻译质量及编校流程上严格把关，使丛书的质量得到了有效的保障。

总体而言，这套丛书具有以下主要特点：

（1）体现国外零售管理方面的优秀研究成果。这套丛书的作者有的是长期从事零售管理研究的顶尖学者，如《零售学原理》（原书第 2 版）作者为零售管理界三位英国顶尖专家，即赫瑞瓦特大学的零售营销学教授兼圣安德鲁斯大学荣誉教授约翰·弗尼（John Fernie）、圣安德鲁斯大学零售学教授苏珊娜·弗尼（Suzanne Fernie）和格拉斯哥卡利多尼亚大学的营销学教授克里斯托弗·M. 穆尔（Christopher M. Moore）。有的是近几年的最新研究成果，如《零售品类管理》是美国得克萨斯理工大学的德博拉·C. 福勒（Deborah C. Fowler）和本·K. 吴（Ben K. Goh）在对品类管理多年研究基础上的最新力作。有的是某细分领域多位学者的综合研究成果，如《商店选择、店面选址与市场分析》由英国卡迪夫威尔士大学的城镇规划教授尼尔·里格利（Neil Wrigley）主编，汇集了零售业和学术界顶尖研究人员的研究成果。又如，《零售与分销经济学手册》由美国密苏里大学经济学系教授埃梅克·巴斯克（Emek Basker）主编，收录了来自六个国家（美国、加拿大、英国、意大利、德国和中国）的专家、学者、公务员和企业人员的研究成果。这套丛书广泛涉及零售管理和零售营销诸多方面的内容，既有理论的说明，又有案例的佐证，通俗易懂地为管理学和营销学专业的学生及相关从业人员介绍零售业的运营状况与管理策略及经验。

（2）强调对零售细分领域研究成果的梳理。对于零售管理相关领域的研究在西方发达国家已有多年，取得了较多的研究成果。这套丛书囊括了零售业发展、零售业的纵向组织、零售业的横向组织与竞争、零售企业重组与分析、店面选址与市场分析方法、商店选择模型、零售分析与预测等领域的研究成果、最新分析与预测方法，并在对这些成果进行梳理的基础上，运用不同的方法，进行了深入的探讨和剖析。因而，不仅能为研究人员提供有用的切入点，以寻找新的研究课题或扩展研究项目，而且有助于指导零售从业人员解决零售和分销领域的一系列管理问题。

（3）关注零售领域的最新研究动态。零售业作为目前国内外经济领域，特别是第三产业发展最快的一个行业，线上和线下的新零售发展模式得到了越来越多的学者和商界的认可。这套丛书不仅关注了零售环境、战略管理、电子商务、产品管理、零售物流、零售营销等传统主题，而且特别密切关注和结合零售业近几年的飞速发展，纳入在线零售的发展、实体零售业的变化、提升顾客体验的新技术、消费者行为分析等方面的内容。因而有益于相关人员的学习和研究，读者将大受启迪。

这套丛书可作为高等院校本科零售管理相关课程的教材，也可作为零售管理方向学术研究人员的参考用书。此外，还可为各个行业的零售从业人员提供一定的理论指导，使其成为优秀的零售规划者和决策制定者。

我们相信这套丛书的出版，在推动我国零售管理理论与实践发展方面具有十分重要的价值。这些翻译、编撰人员通过系统性地引进国外零售管理相关的最新专著、优秀教材和研究文集，介绍零售管理新的理论知识与方法，跟踪零售学界的学术发展动向。因此，这套丛书的出版在提高我国零售管理的专业教育水平，推进零售管理课题研究，提升零售企业的管理能力，以及适应新变化和新环境发展要求等方面将发挥积极、有效的指导作用。

特别应当指出的是：这套丛书的全体编委同志，他们在十分繁重的教学和研究工作中，耗费大量时间高质量地完成了书稿的翻译和审校工作，为丛书的出版付出了辛勤劳动。这套丛书既是上海商学院零售业管理专业团队多年教学研究经验的积累和结晶，也是零售业管理本科重点专业的建设成果，值得肯定和赞赏！同时，要衷心感谢经济管理出版社的大力支持和协助，为国内流通学界和业界出版这套宝贵丛书。

西安交通大学教授、博士生导师

文启湘 谨序

2018 年 6 月

序 二

2017 年，我国社会消费品零售总额达 366262 亿元，比上年增长 10.2%。其中，实物商品网上零售额为 54806 亿元，比上年增长 28.0%，网上零售额为 71751 亿元，比上年增长 32.2%。我国已成为全球第二大零售市场和全球第一大网络零售市场。2017 年，京东集团营业收入达到 3623 亿元，全年交易总额（GMV）近 1.3 万亿元，成为国内销售额最大的零售商。实体零售与线上平台的全方位合作成为零售行业的凸显且重要趋势，而新业态的"井喷式"发展和资本重新定义零售竞争格局构成了行业的热点，异常活跃的技术应用和线上巨头的资本"加持"，对零售业以及产业链造成了重大影响。大型零售企业在线上线下同时布局，形成完整的面向消费者的销售渠道，全渠道零售商的兴起反映了零售业发展的整体格局和新趋势。

2017 年 3 月，上海商学院在全国率先申报设立的教育部目录外新专业——零售业管理专业获批。该专业正是为适应零售行业对人才的急迫需求而产生的。零售管理专业在国外是非常成熟的专业，本科、硕士、博士各层次均有开设，仅本科专业在发达国家和地区就有 100 多所高校开设。上海商学院零售业管理专业的设立弥补了我国在本科商科教育方面的不足，对于完善我国的商科人才培养体系和结构具有重要的意义。

上海商学院对于零售人才的培养具有深厚的积淀。1999 年，在全国率先设立了连锁经营管理专科专业。该专业建设成果于 2001 年获得上海市教学成果一等奖、国家教学成果二等奖。2005 年，上海商学院在全国率先设立了连锁经营管理本科专业（零售业管理专业前身），同年获得了上海市教育高地项目。2009 年，该专业被批准为国家教育部特色专业。随后又获得上海市"十二五"重点专业建设、上海市教育委员会第一批应用型本科试点转型专业建设等。近 20 年的积累使该专业产生了一批又一批突出的建设成果，也为该专业的持续建设奠定了坚实的基础。

为适应零售业迅速发展对人才的需求，培养高素质的专业人才，上海商学院零售业管理专业团队对世界零售业发展现状和趋势、我国对零售人才需求状况等进行充分调查和研究分析，并对发达国家零售专业进行了充分的调研，借鉴和引进国外成熟的课程和教材，在此基础上，结合学校和本专业的办学条件、优势和特色，形成了具有特色的零售业管理人才培养方案。

作为专业建设的重要内容，零售业管理专业教师团队本着借鉴、提高的目的精选了与零售管理核心知识、技术和发展相关的教材与学术专著加以翻译出版。本次翻译出版的著作具有以下特点：

（1）《零售学原理》（原书第2版）作者为零售管理界三位英国顶尖专家。该书广泛涉及零售管理和零售营销诸多方面的内容，关注了零售环境、战略管理、电子商务、产品管理、零售物流、零售营销等不同主题。同时，结合零售业近几年的飞速发展，纳入在线零售的发展、实体零售业的衰退、提升顾客体验的新技术、消费者行为分析等方面的内容，通俗易懂地为管理学和营销学专业学生及相关从业人员介绍零售业的情况。

（2）《商店选择、店面选址与市场分析》汇集了零售业和学术界顶尖研究人员的研究成果，探讨了零售企业重组与分析、店面选址与市场分析方法、商店选择模型、零售分析与预测等领域的最新分析与预测方法。该书关注了过去20年来英国零售业的重大重组，以及这种重组对于理解、维持和提升企业责任所带来的一系列影响。该书侧重于稳健实用的零售分析与预测方法，零售企业根据自身情况获取相关信息便能运用这些方法，可为零售企业、市场研究员、零售分析师等实践人员和研究者提供重要参考。

（3）《零售品类管理》是深入解读品类管理最新模型与概念的先锋之作，介绍了品类管理的概念及特征、零售业的演变及战略、测量方法与产能、价值链管理、品类管理循环、品类角色、品类管理策略、品类战术、消费者分析、品类管理职业十个主题的内容，广泛涵盖各类零售技术与品类管理方法，可作为零售业或供应链管理课程的教学补充。

（4）《零售与分销经济学手册》收录了来自美国、加拿大、英国、意大利、德国和中国的专家学者的最新研究成果。从理论、系统性经验证据和制度性细则等不同视角，深入解析零售业及其变革与发展问题，囊括了零售业的发展、零售业的纵向组织、零售业的横向组织与竞争、特定零售行业的案例分析与讨论等方面的内容。该书的特色在于对方法论问题的丰富阐述，如零售商之间入市博弈的结构性估计、投入产出不确定情况下的生产效率衡量、商品分类多变下的需求估计等。此外，也针对并购、分区管制和买方势力管理提出相关策略，以及分析了技术、零售业态和可得性数据方面的最新动态。

相信该套丛书的出版发行，会受到相关领域的教师、学生以及业界的重视和欢迎，对我国零售业发展的实践、理论研究和教学具有很好的促进作用。作为零售业管理本科重点专业建设的成果，对于完善商科人才的培养和研究大有裨益。

精选和翻译该套丛书是上海商学院零售业管理专业团队努力的成果，教师们在承担大量教学与科研任务的同时耗费了大量时间和精力，精神可嘉，值得肯定！同时十分赞赏经济管理出版社出版和发行这套丛书。

上海财经大学资深教授、博士生导师

陈启杰

2018 年 6 月

将这本书奉献给在职业生涯中一直支持我们的家庭：
鲍勃和利比·福勒以及整个吴家族。

前　　言

　　零售业是一个不断变化中的行业，使用技术有助于改善零售业的客户服务、盈利能力和商品组合规划，而品类管理就是使用零售技术的一个渠道。品类管理一开始是用于帮助日用品零售商规划在正确的时间、正确的门店为正确的顾客提供正确数量的正确商品的一个项目。本教材是深入解读品类管理概念的丛书之一。

　　本教材将通过下列方式理解品类管理：

- 教材一共分为十章，可作为一个学期的课程，也可以作为零售业或供应链管理简介课程的补充内容。
- 介绍品类管理流程，包括初始 8 个步骤的品类管理流程、包含购物见解的新流程，以及品类管理行业的各种职业。

从讲师资源中心下载讲师资源

　　如需在线访问补充材料，教师需要申请讲师访问码：登录 www. pearsonhighered. com/irc，注册讲师访问码。在注册后的 48 小时内，你将收到一份包含访问码的确认邮件。收到访问码之后，从线上目录中找到你的教材，点击目录商品页面左侧的讲师资源（Instructor Resources）按钮，选择补充材料，网站会弹出一个登录页面。登录之后，你就可以使用所有 Prentice Hall 教材的材料。如果无法访问网站或者下载补充材料，请登录 http：//247. prenhall. com，联系客服中心（Customer Service）。

鸣谢

我们希望对以下人员表示感谢，为了让《零售品类管理》这本书变得更好，他们慷慨奉献出自己的时间。特别感谢：

- Kevin Stadler 先生，正是从他那里我们第一次得知了"品类管理"这个概念。他为我们提供了 JDA Intactix 软件，让品类关系教学变得生动有趣。
- JDA 的 Karen Storey 女士，感谢她一直以来提供的帮助。
- Brian Harris 博士，人称"品类管理之父"，感谢他为这个行业的发展贡献自己的真知灼见。
- 尼尔森公司（Nielsen Company）的 Jeff Saitow 先生，每个学期他都要为学生开设讲座。
- Winston Weber 先生——品类管理界的先驱。
- Cantactix Solutions, Inc. 的 Dan Desmarais 先生，感谢他在本书编写期间不厌其烦地阅读并提出宝贵意见。
- 品类发展职业协会（CPG CatNet）的创始董事 Donna Frazier 女士，感谢她在得州理工大学的零售管理项目中为本书提供的支持。
- JDA 供应链公司，感谢他们提供的软件和技术支持。
- 哈特曼集团（The Hartman Group）。
- 营养、酒店与零售部前任主任 Lynn Huffman 博士以及现任主任 Shane Blum 博士。

此外，还要特别感谢 Vern Anthony、Christine Buckendahl、Sara Eilert、Doug Greive 和 Jill Jones –Renger，感谢他们对本书无与伦比的信任和耐心。

我们还想要感谢：

- 承担品类管理实验室教学工作的助教——Jill Godfrey、Christina Kayfus Koch、Amy Reed、Megan Smith、Whitney Stagner 和 Alyssa Walker，感谢他们耐心帮助我准备每一节课。
- 负责管理其他实验室的助教——Eun Kyong "Cindy" Choi、Sang –Mook Lee 和 Nathan Stokes，感谢他们为我分担琐事，让我能够安心写作。

目　　录

目　　录

零售品类管理

1 品类管理

学习目标

本章结束时，学生应能够：

- 理解品类管理的概念。

- 描述品类管理的定义。

- 总结品类管理的指导原则。

- 说明"品类"一词的定义，并举出相应例子。

- 了解零售行为如何演变为发展品类管理。

- 讨论推进品类管理的技术创新。

- 区分品牌管理与品类管理。

- 区别零售采购员、品类领队和品类的角色。

- 说明品类管理的核心特征。

4   简介

将品类管理这个术语概念化的一个简单方法就是把零售商店看作一个购物商场。例如，将沃尔玛等仓储超市视作购物商场，然后想象商店中有各种不同商品品类，例如将软饮料或宠物食品视为购物商场中独立的零售商。不论业态是日用品商店、宠物商店、书店还是仓储超市，概念都是一样的：一系列商家在同一个屋檐下、同一位商场经理的管理下经营。这些"商店"全部都专注于实现"商店"或者说"品类"收益最大化的目标。最后，当每个"商店"或品类达到利润目标后，理所当然对应零售商的利润也增加了。

采用品类管理的零售商，例如购物商场经理发现商家必须合作提供顾客需要的商品，才能提供最优顾客体验。通过这种合作，零售商和顾客能够从集中式的零售管理中获益。

品类管理的发展改进

多年来，人们为品类管理过程归纳了多个定义。本书将**品类管理**定义为：**供应商**和零售商相互合作以创造利润和销售额的同时，为顾客提供最优的服务的过程。这些定义中最被广为接受的是 Partnering Group[①] 建立的定义：品类管理是零售商/供应商将商品品类作为**战略业务单元**（Strategic Business Units，SBU）进行管理，通过专注于为所有类型的商品（称为品类）实现客户价值、利润和销售额，从而提升经营成果的过程。战略业务单元是一个具有明显特征的业务单元，其战略、目标和外部市场竞争者都有明确定义（Partnering Group，1995）。

总部位于英国的食品日用品批发协会（The Institute of Grocery Distribution）将品类管理定义为："通过贸易合作对商品组进行战略管理的过程，目的是为了通过满足顾客和购物者的需求以最大程度提高销售额和利润"（http：//www. igd. com/index. asp？ id ＝1&fid ＝1& sid ＝6&tid ＝38&cid）。其中他们指出了两个关键因素：①当客户需要时在他们希望的

---

① Partnering Group 是一家全球战略和管理咨询公司。该公司的业务目标是在全球范围内为零售商、分销商和消费品公司提供业务诊断、战略规划、组织设计的创新解决方案和咨询服务。

地方为顾客提供他们所想要的东西；②根据商品使用方式、消耗方式或购买方式将商品分成不同品类，以反映客户的需求（食品与日用品信息）。

在美国，联邦贸易委员会（Federal Trade Commission，FTC）将品类管理定义为"将零售商店的管理细分成由类似商品组成的不同品类的一种组织方法。通过品类管理，零售商可以基于品类对商品选择、布置、促销和定价进行决策，从而最大程度地提高整个品类的盈利能力"（Leary，2004）。

品类管理为零售商及其供应商提供了发展某一领域高水平的专业知识的机会，以及为目标顾客提供最佳的商品组合。这个过程的主要目标是确保每个品类单元内部都保持高水平的产能。品类管理让零售商能够改善商品组合和商品分类，降低总体价格，减少缺货（Out-of-stock，OOS）的情况，让顾客在商店中的购物更加方便。

品类管理可使零售商的销售额平均增长约19%，制造商或供应商的平均销售额增长12%，同时还能最大程度地减少库存，提高空间分配效果（Cannondale Associates，2007）。零售商的增长率之所以高于制造商或供应商，原因在于零售商通过增加供应商人数，提供更好的商品组合，从而更有效地利用零售商空间。例如，零售商可以减少为每个供应商保留的货架空间，从而为更多供应商提供空间，以此增加商品分类种类。因此每个供应商的总体销售额增长率低于零售商。

品类管理的指导原则

通过实施品类管理，品类成为新利润中心，并通过合理的空间分布最大程度地提升顾客价值，同时提高品类和零售商的盈利能力。为了成功实施品类管理，零售商通常需要遵守三个核心原则：

（1）**专注于商品组的战略管理**。过去，零售商往往根据运营便利性对商店进行规划。例如，它们会将单一品牌的所有商品都摆出来。有了品类管理之后，品类是根据顾客购物行为来定义，是基于零售类型采用不同的定义方式。举个例子，在仓储超市中，所有宠物用品可以归为一个品类，而在宠物商店中，品类定义完全不同：猫粮和狗粮分属于两个不同品类。

（2）**零售商与供应商协同合作**。零售商和供应商成为**贸易合作伙伴**，协同合作，在确保理想的顾客满意度的同时追求自身利润和产能。虽然每个合作伙伴都有聚焦各自品牌或零售理念的额外目标，但是他们都意识到他们需要彼此的帮助才能成功。然而，贸易合作伙伴必须相互配合才能保证所有品牌都获得成功，包括主要制造商品牌、零售商的自有品牌和特殊品牌（包括区域品牌）。所有这些品牌必须通过充分的商品进行展示，获得足够的销售和利润机会。虽然零售商也希望品牌获得成功，但他们主要关注的是品类整体是否成功。

（3）**满足顾客需求**。品类管理必须解决顾客的购物偏好、管理和购物风格等问题。商品应按照能够满足客户需求的品类进行细分。

品类定义

品类指的是在顾客眼中一组相关联的或可相互替代的商品或服务。例如，作为一个品类，烘焙制品包括蛋糕和小块巧克力蛋糕等商品。这个品类在味道、颜色或品牌上都有区别。品类同样也可以根据场合划分，例如在复活节的时候商店会将节日所需的一系列互补商品归为一个品类，包括糖果、篮子、复活节玩具等所有相关商品都放在同一个位置出售。

有了品类划分，零售商能够将一组商品视作一个单元。这就要求对零售数据进行更全面的分析，包括零售额的**销售点**（Point of Sale，POS）数据（按照美元和单位）。过去，零售商和供应商一次只能关注一个商品。例如，如果你关注的只是汰渍清洁剂，那么你感兴趣的只是汰渍品牌的销售额和利润，分配给汰渍清洁剂的货架空间似乎与销售额和利润存在直接关系。而当专注重点转移至整个清洁剂品类时，所有品牌的洗衣液、织物柔顺剂和这个品类中的其他商品都是关注的内容。这种全面的方法有助于零售商确保所分配空间内的所有商品都得到充分体现。此外品类管理过程中还可能采用**货架图**（Planogram，POG）来集中呈现特定商店内购物的顾客偏爱的品牌和规格。货架图是对计算机图像显示的详细描述，或者指的是通过分析数据确保品类成功的一张照片。

零售商实施品类管理的原因有许多，其中两个主要原因是消除浪费的空间，以及关注顾客在某一特定位置寻找的商品，从而提高利润率。

零售向品类管理发展的演变

品类管理并不是一个全新概念，早在 20 世纪 90 年代初就由 Brian Harris 创造出来。Brian Harris 是 Partnering Group 的创始人，许多人将他称作"品类管理之父"。最初只是一家服务于小型社区的夫妻日用品店，为品类管理奠定了基础。小型零售商根据他们老主顾的需求备货，他们只需检查货架就完成整个库存系统检索。顾客要求零售商订购特殊商品，或者零售商预计顾客想要购买的商品并作相应订购，这实际上就是微观市场营销的过程。后来随着自助日用品商店的出现，零售商开始依赖供应商、分销商和食品代理商帮助他们进行商品组合规划。不幸的是，小型夫妻店微观市场营销的功能在转换的过程中失去了。

推进品类管理的技术创新

虽然品类管理原则并非新想法，但在引入了专门设计用于库存管理的技术应用之后，零售商能够更方便地收集即时信息。技术让零售商从单纯靠目视检查确定客户需求转变为可以根据计算机生成的库存补充货源。品类管理领域的第一个创新当属于**通用商品代码**（Universal Product Code，UPC）。这是一种数字条形码，让零售商和合作伙伴能够通过技术维护并评估库存。通用商品代码也让零售商只需扫描条码即可录入商品信息，不需要柜员手动输入每件商品价格。通用商品代码不仅提高了零售商追溯库存的能力，最终也提高了结账速度。

其他推进品类管理的重要技术创新包括**电子数据交换**（Electronic Data Interchange，EDI）和**快速响应**（Quick Response，QR）。电子数据交换让零售商和供应商能够以电子方式进行数据交换，包括销售点数据，交换的方式通常是通过通用商品代码进行编码。电子数据交换为零售商和供应商提供设立最低库存时重新订购标准的电子途径。而快速响应作为一种经营策略，有助于减少在途存货，缩短商品制造、分销和出售的周期。电子数据交换和快速响应的目的都是为零售商和供应商提供与商品供应和库存有关的实时信息。技术推动品类管理过程，但是品类管理的实施不仅涉及人力资源的问题，还需要在组织结构上做出调整。

品牌管理与品类管理

采用品类管理之后，零售业出现的另一个重大变化是管理重心从**品牌管理**转变为品类管理。在传统零售活动中，品牌和商品是最重要的销售策略。品牌管理要求运用市场营销技巧留住旧客户，开发新客户，从而确保品牌价值。品牌价值是由为制造商生成的利润决定的，而制造商的利润又是通过销售额和价格增长而实现的。品牌管理和品类管理相互关联，但是两者的角度大不相同。在品牌管理过程中，零售商和供应商首先关注的是商品或**库存单元**（Stockkeeping Unit，SKU）毛利润（零售价格——商品成本），其次是供应商的毛利润、子品类利润，最终才是品类生成的利润。这种分析顺序在品类管理中恰好颠倒过来。在品类管理中首先关注的是品类利润率，其次是子品类利润、供应商利润，最后是库存单元的毛利润。图1.1将两者分析层次的变化进行了对比。过去零售业关注的是零售商的思维过程，而非顾客的行为和思维过程。通过扭转这个顺序，零售商开始转换思维方式，开始了解顾客的购买行为和决策层次。零售商关注顾客的一种方式是**会员卡**。会员卡在结账时扫描，将所购买商品与单一顾客联系起来。在品类管理中，品类的成功首先是最重要的，其次才是子品类、供应商，最后是库存单元或商品。这种分析顺序上的变化对于品类管理的实施和成功至关重要，也体现了品牌管理和品类管理之间的差别。

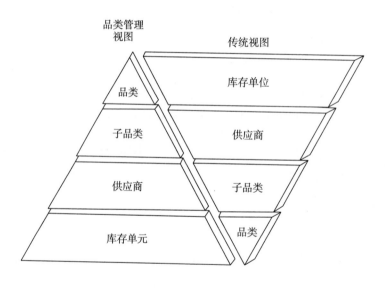

图1.1　分析层次

资料来源：Efficient Consumer Response（ECR）– Enhancing Consumer Value in the Grocery Industry, 1993. 经食品营销研究所和有效客户响应联合行业项目的许可后再版。

品类管理依赖的是合作和配合，以及零售和供应组织结构中传统角色的变化。品牌经理的角色随着品类管理的实施不断变化、演变。根据 Wileman 和 Jary（1997，p.132）的观点，"购买、推销和营销行为的交集是零售品牌管理的核心，其关注重心就是品类管理"。

品类管理团队

随着品牌经理的角色发生变化，理货员和采购员的角色也随着品类管理的发展发生变化。传统零售业组织结构中通过功能和目标区分理货员和采购员。采购员负责采购货物，理货员负责准备和规划商品展示的方式。销售人员关注顾客购买商品的方式，而采购员则关注商品本身。通过品类管理，采购员和理货员组成一个跨功能团队，共同制定货架图（商品在货架空间中摆放方式的图像或照片）。

对品类最终负责的人是**品类经理**。品类经理必须实现零售商确定的目标，包括广告、促销、定价、商品组合规划和推销（货架空间分配和布置）。虽然零售商或供应商都会聘用品类经理和（或）品类管理团队，但不论雇主是谁，品类经理都应兼具采购员和理货员的职责。

品类管理团队工作成功的关键因素是**品类领队**（category captain），通常为零售商任命的供应商，负责管理特定品类。零售商往往为商店内每个品类的商品选择一位品类领队，而品类领队通常指的是为特定品类履行理货员职责的一支团队。他们能够访问从 AC-Nielsen 等机构处获得的该品类的大部分数据，包括销售总额或销售总量、**市场数据**和**企业组合**（不同零售企业）**数据**。品类领队对品类的成功发展和增长负责。在履行这个职责的过程中品类领队帮助零售商：

（1）定义品类。

（2）确定品类在零售商的商品组合中的角色。

（3）通过设置目标和评估目标达成进度评估品类的业绩。

（4）识别目标顾客，确定理想的商品分类以及品类中最有效的商品展示方式。

（5）确保计划的实施。

品类领队可以分析数据，针对自有商品的价格和货架空间分配，以及针对竞争者提供的建议。有关品类领队很有趣的一点是品类领队通常是**品类领导者**，也就是在品类中占有最大份额的供应商。然而部分作为品类领导者的供应商更喜欢担任顾问，以降低它们的成本。

品类管理团队中另一个角色就是**品类顾问**。零售商通常将品类顾问的职位指派给相同品类中的竞争者。这个竞争者针对品类领队的决策提供第二种意见。品类顾问通常由一支团队组成，也称为**验证者**、**联合领队**或**顾问**，但是不论称作什么，他们的职责都是一样的：审核货架图和促销活动，确定货架图是否对品类的所有供应商都公平并直接向零售商报告。根据零售商的理念，品类顾问所起的作用会有所差别，主要取决于他们决策职责的广度和深度。一些供应商规模太小，无法承担品类经理的职责，那么他们就必须依靠品类领队、品类顾问和零售商，确保商品分类或货架图对他们而言是否公平。

每一年"先进日用品商"（Progressive Grocer）（www. progressivegrocer. com）网站都会颁发最佳品类领队奖，他们的评选标准如下：

（1）商品创新；

（2）推销、营销、促销和广告方面的创意；

（3）消费者洞察力；

（4）创新、动态品类管理工具；

（5）证明具有满足零售顾客特定需求的职责感；

（6）有效区分品类中的商品线或品牌；

（7）有效提高品类中某个品牌商品的销量；

（8）提供市场或客户相关销售成果的确凿证据，以支持供应商的卓越诉求。

对于制定用于确定最佳货架图或推销策略的标准，品类领队和品类顾问都要承担重要责任。

虽然品类领队的商品摆放方式对零售商的成功非常重要，但是这个过程并非毫无问题。由于供应商能够获得竞争者的数据，他们就可能趁机伤害竞争者。法律诉讼中常见的与品类领队的摆放方式有关的问题包括：①将竞争者的商品排挤出货架图，或者大大增加他们的竞争成本；②品类领队会通过权限与竞争者或其他竞争性零售商串通舞弊。对于依靠职权进行排挤的问题，品类领队能够决定将哪些品牌纳入货架图以及包含的品牌商品数量。他们能够限制其他供应商商品的货架空间、推销机会和广告促销活动。对于串通舞弊的问题，品类领队能够掌握一些专有数据和信息，如果与另外一个供应商共享，能够将其他供应商排挤出竞争范围。但是，最终是由零售商决定是否接受、拒绝或修改品类领队的建议。零售商的总体策略决定了实施品类管理时如何决策。

1.0 品类管理的核心特征

零售商采用品类管理，通过制定和实施采购策略支持它们的战略采购决策。而品类管理的核心特征包括：

（1）**承诺进行体制变化**。为了成功实施品类管理，零售商必须确保品类管理的全面性。事实上零售商在实施品类管理时常常只是选择性地实施其中简单而且容易适应的流程，抱有"不要破坏现状"或者"只要还没出问题，就不要去改变"的心态。例如，零售商采购安装能够像管理团队提供瞬时销售量的新设备可能比较容易，但是不愿意更换或重新任命采购员或理货员，因为他们已经工作了很长时间。

（2）**团队合作**。品类管理团队的所有成员，包括零售商的采购员、供应商、品类领队和品类顾问都必须合作确保品类获得成功。这意味着每个人应该共享与品类有关的信息和见解。供应商或贸易合作伙伴通常会在他们品牌的货架空间上有所牺牲，确保所有品牌在给定的空间内都能充分展示。合作关系是品类管理的关键词，每个人必须合作确保品类的成功。

（3）**基于数据分析的决策**。品类管理作为一种零售策略，利用的是零售商、供应商和外部来源（包括企业组合数据的供应方）的数据，涉及多家零售商的销售量。这些数据包括单位销售量、销售额（美元）、利润率和分配空间。数据必须经过仔细分析才能为品类和零售商产出最好结果。

（4）**协助分析的全面工具和技术，包括软件程序**。品类管理是一种技术驱动型策略。许多软件公司开发了软件程序用于分析非常复杂的数据，并且帮助将数据分析结果进行可视化呈现，即所谓的货架图。除了品类管理软件外，品类管理还需要依靠零售商生成的销售点数据、企业组合数据，并使用电子数据交换将数据从单个零售单元传送给零售商企业总部和供应商。

（5）**业务需求和采购之间的联系，包括互联网和企业内联网**。互联网让个人和企业能够快速获取信息，而企业或零售商控制的内联网让零售商能够限制敏感和**专有数据**的访问权限，只允许需要这些数据的人通过互联网访问此类数据。内联网已经成为零售技术的一种最重要补充工具。从而数据能够在零售商的贸易合作伙伴之间快速且准确地传输。

（6）**成功历史**。品类管理已经被全世界范围内众多零售商采纳。全球化改变了工业化最发达国家的食品日用品行业，随着兼并、收购增多，竞争越来越激烈，利润率降低，食品日用品零售商已经在全球范围内实施品类管理。品类管理已经成为**有效消费者响应机制**（ECR）中最经常使用的策略。在第4章中我们将探讨有效客户响应的完整概念，包括品类管理。

（7）**信任**。信任是真正的合作关系的支柱。零售商和他们的供应商共享他们在与零售商和供应商谈判过程中具有影响力的保密信息，而现在贸易合作关系中的各方都有权限获取这些信息。但是每个人只能根据自己的职责获得有限的相关信息。在相互信任的合作关系中共享数据，零售商和供应商都变得脆弱，容易受到对方伤害。任何一方都不能借机伤害对方，或者降低信任程度。品类的成功取决于供应商和零售商之间的信任程度。为了让品类管理获得成功，零售商的策略和业务流程中应包含所有核心特征。我们将在以后章节中进一步探讨业务策略和流程的问题。

回顾

　　品类管理是零售商及其顾客收获集中式零售管理方法益处的一种合作过程。品类管理是供应商和零售商合作为顾客提供最优服务的同时，也为自身创造利润和销售额的过程。Partnering Group 将品类管理定义为零售商/供应商将商品品类作为战略业务单元进行管理，通过专注于为所有类型的商品（称为品类）实现客户价值、利润和销售额，从而提升经营成果的过程。

　　品类管理的指导原则包括：①专注于一个商品组的战略管理；②零售商与供应商协同合作；③满足顾客的需求。品类指的是顾客认为相关或者属于从属关系的一组具有明显特点、易管理的商品或服务。零售商实施品类管理的原因有许多，其中两个主要原因是消除浪费的空间，仅关注特定地区中顾客想要的商品，从而提高利润率。

　　有助于实现品类管理的技术创新包括通用商品代码、电子数据交换和快速响应。电子数据交换和快速响应的目的都是为零售商和供应商提供与商品供应和库存有关的实时信息。

　　通过品类管理，供应商和零售商将他们的重心从品牌转移到品类。在品牌管理中，品牌的成功是最重要的，而对于品类管理而言，品类的成功则是最重要的。品类管理团队包括零售采购员、理货员和供应商。零售商任命一个供应商为品类领队，另一个供应商为品类顾问。确定品类领队是否成功的标准有若干个，但是针对品类领队的商品摆放方式会产生一些法律问题，包括与其他供应商串通舞弊和排挤其他供应商。

　　品类管理的核心特征包括：①承诺进行体制变化；②团队合作；③基于数据分析的决策；④协助分析的全面工具和技术；⑤业务需求和采购之间的联系；⑥成功历史；⑦信任。

关键术语

活动

● 上网搜索术语"品类管理"，利用收集的信息自行对品类管理进行定义。

讨论问题

1. 解释什么是品类管理。

2. 介绍"品类"这个术语的定义。

3. 说明技术如何促进品类管理的实施。

4. 从利润和利润率生成角度说明品类管理和品牌管理的区别。

5. 品类管理团队如何与采购者合作？

6. 根据"先进日用品商"，成功品类领队的标准是什么？

7. 品类管理的核心特征有哪些？

参考文献、来源、网址和推荐读物

● ACNielsen．http：//www.acnielsen.com/

- Association for Convenience and Petroleum Retailing. http: //www. nacsonline. com/

- Association of Category Management Professionals. http: //www. cpgcatnet. org/

- Cannondale Associates Press Release. http: //www. cannondaleassoc. com/

- Corstjens, J., and M. Corstjens. 1995. *Store wars: The battle for mindspace and shelf-space.* New York: Wiley.

- Desrochers, D. M., G. T. Gundlach, and A. A. Foer. 2003. Analysis of antitrust challenges to category captain arrangements. *Journal of Public Policy and Marketing*, 22 (2): 201 – 215.

- Federal Trade Commission. 2000. http: //www. ftc. gov/opa/ 2003/11/slottingallowance. shtm

- Federal Trade Commission. 2004. *Category management: An interview with FTC commissioner, Thomas B. Leary.* http: //www. ftc. gov/speeches/leary/050328abainterview. pdf (accessed March 28, 2005)

- Food and Grocery Information, http: //www. igd. com/

- Food Marketing Institute, http: //www. fmi. org/

- Kahn, B. E., and L. McAlister. 1977. *Grocery revolution: The new focus on the consumer.* Reading, MA: Addison – Wesley.

- Partnering Group. http: //www. thepartneringgroup. com/

- Partnering Group. 1995. *Category management report.* Washington, DC: Joint Industry Project on Efficient Consumer Response.

- Progressive Grocer. http: //www. progressivegrocer. com/

- Varley, R. 2001. *Retail product management.* 2nd ed. London: Routledge.

- Wileman, A., and M. Jary. 1997. *Retail power plays: From trading to brand leadership.* New York: New York Publishers Press.

- Zenor, M. 1994. The profit benefits of category management. *Journal of Marketing Research*, 31: 202 – 213.

13

2 零售业演变与战略

学习目标

本章结束时，学生应能够：

- 认识到零售环境不断变化下了解客户需求的重要性。

- 讨论零售战略在零售商进行决策以实现目标的过程中所起的作用。

- 比较每日低价和高—低定价中包含的定价策略。

- 区分产能圈和体验圈的服务策略。

- 举例说明商品分类规划的变化和演变。

- 解释技术与零售之间的关系。

- 总结包装消费品行业中从空间管理到品类管理的演变过程。

简介

　　大部分零售企业在一开始只是市中心商业区中的家庭经营式店铺，它们的主要零售战略是为所有人提供所需的各种东西，同时关注为老主顾提供优质服务。此后，这种家庭作坊式的店铺从独立的零售商店转变为连锁商店，从而最大程度地抓住消费者的购买机会，并将成本降至最低。随着连锁商店的发展，零售商（特别是食品日用品商店）面临一系列挑战，包括固有的低利润率、竞争激烈、商品组合中易腐商品多等。全球化进程对世界范围内的零售商都产生影响，他们通过改善供应链管理和实施品类管理来应对这种影响。为了在竞争中立于不败之地，食品日用品零售商开始注重：①定价策略；②服务策略；③商品组合策略。

　　由于零售环境中发生的这些变化，品类管理的实施势在必行。零售业能够发展品类管理的两个主要驱动因素包括：①零售技术的创新；②对于需要通过商品组合规划满足客户需求的行业意识。本章一开始将探讨推动品类管理发展的主要零售战略，以及使这些战略和品类管理得以实施的零售技术。本章末尾将探讨品类管理在包装消费品制造业中的应用。

零售战略

　　战略指的是为实现目标而基于一系列决策制定的长期行动计划。品类管理是零售商根据公司使命、财务目标、消费者战略、商品战略和整个系统战略而采取的公司战略。公司战略通过部门战略（如食品日用品部、易腐货物部或日用百货部）与品类策略联系在一起，部门战略为总体公司战略提供支持。战略的选择影响着品类管理的有效性。

定价策略

　　许多零售商按照**每日低价**（Everyday Low Pricing，EDLP）或**高低定价**（High-low Pricing）（见图 2.1）选择零售定价策略。如果选择了每日低价策略，零售商决定长期使用这个价格，就会与供应商谈判确定很长一段时间内可能的最低价格。当顾客购买商品时，他们假设价格保持稳定，而且通常不会购买过量的商品。制造商必须提供一个稳定的价格结构，确保零售商能够实施每日低价策略。这样顾客就没有必要在商品低价时囤积比平常更多的商品。采用每日低价策略的零售商通常提供：①大量此类商品；②有限数量的品牌；③更不方便的业态。这种业态对于追求性价比的购物者比较有吸引力。

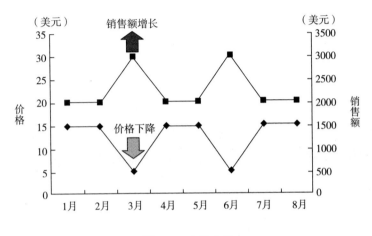

图 2.1　高低定价

采用高低定价策略的零售商通常提供：①更便捷的业态；②高质量的服务；③更优的商品组合。高低定价零售商竞争重点在于服务和商品组合，而非价格。他们依靠销量和促销活动吸引购物者。选择这种策略的零售商预期相应商品在零售和批发价格上会有大波动。当制造商通过在一定时间内对一种商品打折来提供高低定价，则高低定价的循环就开始了。零售商大量购买并储存商品，直到商店中需要库存时才运离仓库。这个过程称为**预先购买**。然后零售商在短期内以折扣价向顾客出售该商品，例如以"每周特价"的形式。

虽然这两种策略都各有优势和劣势，但是高低定价策略可能会给零售商带来负担。顾客开始等待每周特价活动，并在活动时大量买入，从而导致货架空间需求增加，相关商品库存维护成本提高。此外，零售商必须投资扩大仓储空间。顾客通常会通过大量买入商品进行"囤货"，然后很长一段时间不需要购买此商品，直到囤货耗尽。这种定价结构会导致促销商品的销量大幅度波动。

零售商及其顾客只需在销售过程中购买超额商品即可参与远期购买。零售商在实施高低定价策略和预先购买时无法充分预计顾客的购买方式，制造商也无法保持产量稳定。当制造商计划低价向零售商出售商品时，他们必须提高产量，这往往意味着提高劳动成本。考虑预先购买的零售商则必须在配送中心花费更多仓储成本，因为大部分零售商已经取消了大部分店内仓储。零售商不希望花钱进行过量库存的原因有两个：①商品仓储的成本；②负现金流。如果零售商在出售商品前就支付购买商品的款项，他们的现金流是负的。但是有时候零售商必须预先购买。例如季节性商品和需要特殊广告的商品就需要预先购买。品类管理团队必须预期促销期间顾客需求的波动。

服务战略

18

除了零售定价策略外，食品日用品行业中常见的其他两种策略包括：①**产能圈**；②**体验圈**。这两种策略最终会影响零售商所提供服务的水平。产能圈提供更低的价格，但是服务水平也比较低，而且商品组合有限。体验圈提供更高水平的服务、全面的商品组合，而价格也相应更高。

美国顾客的特点可以归纳为寻求：①最低价格；②从零售商处获得有趣或独特的体验。美国的日用品商在设计商店时考虑了要满足顾客的这些极端需求。一些日用品商，例如超价商店公司（SuperValu）、美食城（Food City）、沃尔玛（Wal-Mart）、Bi-Lo、阿尔迪超市（Aldi）和 Food Lion 在大部分业态中寻找价值导向的顾客。诸如 Kroger's Fresh Fare、Whole Foods 和美国的 Market Street 等高端超市则面向寻求有趣或独特体验的顾客。这种体验型零售商的初始成本更高，但久而久之顾客体验产生的成本能够从销售上弥补。相反，寻求价值导向顾客的日用品商店必须持续压低价格，不断寻找新顾客，才能获得成功。

在产能圈（见图2.2）策略中，零售商寻求不断降低成本，进而降低价格，从而驱使顾客购买更多商品。当折扣零售商主导了百货商店时，产能圈成为主要的零售策略。这种策略的挑战在于在特定的市场限制下保持这种低价循环。为了让这个模式真正生效，零售商必须持续吸引新顾客，维护现有消费者，继续降低总体成本。成本降低的一种方法是降低工资成本。降低工资往往也意味着采用产能圈策略的零售商会降低客户服务水平。产能圈的主要问题就是零售商需要依赖于成本削减。这种策略积极的一面在20世纪90年代达到顶峰：当时由于成本稳定在销售额的17%左右，因此许多折扣商店被迫申请破产。这种策略只有在零售商与其他低效零售商竞争时才有效。

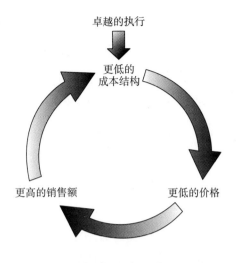

图 2.2 产能圈

体验圈通过独特的环境和高质量客户服务，为顾客提供稳定但又不断变化的各种类型
商品和体验，此类零售商关注的是商店体验和氛围，包括商品提供、内部装饰和服务。体
验型零售商为寻求独特购物体验的顾客提供各种各样的体验，包括香熏保健按摩、咖啡
店、礼宾服务、烹饪课堂、专业研讨会、美食展览、购物顾问、营养师、花艺设计师、咖
啡馆、Wi-Fi、预制食品、寿司店和专业面包坊等。这些服务都是设计用于延长顾客待在
商店里的时间，希望借此吸引他们购买更多商品。产能圈希望持续降低价格，而体验圈反
而花费更高成本，包括专门劳动力和精致的商店**氛围**，从而维持或提高销量，吸引更多顾
客，并继续提供新体验。氛围包括听觉、视觉，以及零售商使用的香氛，从而营造具有吸
引力的零售空间。图 2.3 说明了体验圈是怎样的。

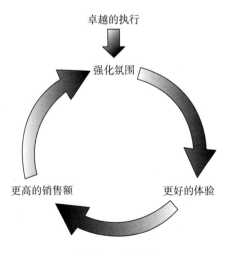

图 2.3 体验圈

商品组合策略

家庭经营型零售商（Family-owned Retailers）了解哪些顾客喜欢哪些商品以及他们通常购买的数量。零售销售历史表明，假期、生日、婚礼和毕业等时间段出售的商品更多。零售商从过往经验中推测顾客行为。这些家庭商店最擅长的就是我们现在所说的**客户关系管理**（Customer Relationship Management，CRM）。他们了解客户，与他们保持私人关系，努力购买正确的商品满足客户需求。随着连锁商店的发展，零售商不再与客户保持私人关系，而且开始采用新方法根据客户欲望和需求规划商品分类。零售商开始认识到制定商品组合策略的重要性，这种策略不仅包括添加所需的商品，也包括剔除客户不购买的商品。更好的商品组合可以消除货架空间分配上的浪费，改善现金流。

20　在商品组合策略发展过程中，一开始零售商对他们的销售数据进行基本评估，通常根据从制造商、批发商和分销商处购买商品对应的发票。随着零售连锁店的演变，零售商开始意识到每个商店的顾客是不一样的。一些地区如果有小孩的家庭比较多，商店中商品类型会比大多是老年人居住的地区更多。例如，有小孩的家庭更可能购买小孩服装、玩具、尿布和婴幼儿配方奶粉。虽然这两个群体的收入水平或种族可能差别不大，但是他们的购买习惯截然不同。仅仅分析采购订单或销售点数据效果不太好，因为销售数据显示的是顾客已经购买的商品，而非他们想买却找不到的商品，或者顾客在其他地方购买的商品。零售商开始根据客户人口统计和生活方式特征对商店进行分类，商品组合在规划时考虑到微观市场和客户类型。**商品组合**指的是将一系列不同商品纳入同一个商品品类中。零售商必须了解一个品类中所提供商品的数量与客户想要的商品组合之间的联系。商品组合的**广度**指的是品类的数量，**宽度**指的是每个品类中的商品数量。

技术与零售

零售业的演变，包括不同商品组合规划的需求都给零售商带来挑战，要求零售商必须制定新策略，包括改善供应商效率，以满足顾客的需求。因此零售技术涌现出许多创新，零售业态发生许多变化。技术已经从许多方面改变了零售业，包括供应链管理和空间管理。**供应链管理**指的是将供应商、制造商、仓库、商店和运输媒介高效集成一个无缝连接的价值链，确保在正确的时间、正确的地点生产并分销正确数量的商品，从而在最大程度上减少全系统成本的同时满足顾客要求的服务水平。供应链管理中技术的实施称为**协同、规划、预测与补货**（Collaboration, Planning, Forecasting and Replenishment, CPFR）。CPFR 的整合功能让所有 ECR 改进概念，使品类管理成为可能。零售商思维方式上发生的一个重要变化是它们脱离了传统的营销渠道，开始采纳供应链管理。传统的营销渠道始于制造商，而供应链管理则从购买商品的顾客开始，并跟随着订单向行业上游回溯。CPFR 中包含许多要素，包括品类管理、补货规划、物流和配送以及商店执行，其基础是四个阶段的持续循环：①策略制定和规划；②供求管理；③执行；④分析。CPFR 的详情如图 2.4 所示。

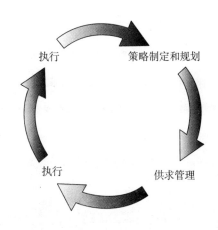

图 2.4 协同、规划、预测与补货（CPFR）

策略制定和规划阶段包括品类管理以及供应商和零售商协作摆放商品，供求管理阶段包括销量预测和销售时的补货规划，执行阶段包括商品订购和配送，分析阶段包括商店执行和供应商所有相关方业绩评价。虽然看起来这个循环始于策略制定和规划阶段，但实际操作中没有明确的开始或结束的分界点，只有一个步骤结束，下一个步骤开始，持续不断，像一个圆环。CPFR 具有几个优势：

（1）CPFR 能够通过减少缺货情况，缩短循环时间来改善对顾客的响应，从而在正确的时间将正确数量的商品送到正确位置。

（2）CPFR 将供应商所有参与者的知识整合起来，这些知识来源于采集的消费者数据、合作伙伴的过往零售经验和研究数据。

（3）通过协作，贸易合作伙伴之间能够直接交流并定期交换信息，从而改善他们之间的关系。

（4）通过预测潜在的缺货和销售损失情况，商店销量得以提升，所有供应链合作伙伴的总体销量最大化。

（5）库存水平可以根据销量预测相应减少。

（6）由于制造商能够预测销量，进而规划他们的生产进度，接着减少资本、搬运和管理成本，因此总体成本降低（ECR Europe，2001）。

有助于实现商品组合规划的另一个零售业创新是空间管理。空间管理一开始只是对货架图的可视化描述。这种手动过程让零售商能够对每个具体商店的商品组合进行规划，根据具体客户群的需求，对所规划的商品摆放方式进行可视化描述或制作货架图（见图2.5）。

图2.5　货架图

资料来源：JDA Software Group.

22　　　不幸的是，过去在这个领域没有像今天一样可用的零售技术，因此工作非常烦琐。后来这些工作被称为空间管理，负责空间管理的人员一般称作**陈列经理**（space managers）。陈列经理负责管理货架空间，优化空间分配，增加销量。空间管理流程非常缓慢，但是对于零售流程的成功执行非常重要。陈列经理在**磁性黑板**上用手绘线条代表货架，用磁铁代表货架图中的商品。陈列经理将磁铁以适合商店的顺序放在黑板上，在对应的竞争商品旁边画上适当数量的**排面**（facings）。排面指的是一个货架上面向顾客的商品数量。如果一排货架出现错误，陈列经理重新排列这一排所有磁铁。排列结束后对黑板拍照，接着继续另一个商店或者另一种类型商品的摆放。这个过程非常耗时，而且还要花时间冲洗照片，然后再将货架图发给对应商店。但是品类管理或空间管理也正是诞生于此。

后来工程师们发现可以通过软件产品提高这个过程的效率。他们开发出能够让陈列经理通过计算机编制货架图的软件程序，从此无须再使用磁性黑板。这种软件的优势数不胜数：使用软件时如果出现错误，或者需要对货架图进行调整，可以将商品移动到另一个位置或者将其从商品分类中删除，而这个过程是可以看见的。这样完成货架图所需的时间大大缩短。此外，陈列经理还可以整理一个货架图库，将来只需对图库中的货架图稍作修改就能够直接使用，或者将旧图作为模板，为类似商店制作新图。而且电子版的货架图文件能够通过电子邮件、互联网或内联网在零售商和供应商之间快速共享。

随着空间管理程序的演变，这个流程变得需要越来越多的数据。软件程序中分析的数据，包括销售点数据和企业联合数据都可以让零售商了解顾客行为。通过对顾客行为进行分析，零售商甚至已经能够判断大部分顾客在一条道路上的行走路径。许多大型零售商采用摄像头记录顾客的购物行为，包括他们的行走模式、在一条道路上的停留时间以及他们最可能购买或浏览的货架。当零售商了解了大部分顾客在商店内的行走路径（行走模式）之后，他们就可以制定策略决定哪些商品他们希望顾客走进道路时最先看到。他们还知道顾客最经常购买商品的货架有哪些。软件程序让零售商在编制货架图时标注顾客走动的方向（见图2.5）。此外，零售商还根据商店大门的位置制作货架图，商店的大门在左边还是右边。陈列经理如今已经转变为品类管理的角色，负责根据销售点数据和企业联合数据以及顾客行为研究结果管理商品的整个品类。此外零售商的其他关键转变还包括：

（1）商店内每个品类作为独立业务来经营。

（2）广告、促销、定价和推销职责统一由一位品类经理承担。

（3）针对商品品类，而非针对部门追踪财务业绩。

（4）关键供应商被视为战略业务合作伙伴并参与到规划过程中。

包装消费品中品类管理的实施

许多零售商的支柱商品是包装消费品，这些零售商包括但不限于日用品店、汽车用品商店、药店、宠物商店、便利店、家装用品店、一元店和工艺品商店。使用商品陈列台进行商品仓储和出售的任何零售类型都可以实施品类管理。商品陈列台是一种带货架的金属装置，通常宽 4 英尺、高 6 英尺、深 2 英尺。在美国，商品通常包装在可识别的包装袋中出售，包装款式不会经常改变，这种商品称为**包装消费品**（Consumer Packaged Good，CPG）；在欧洲，这种商品常常称作**快速消费品**（Fast Moving Consumer Goods，FMCG）。CPG 是一种采用标准包装的商品，如陈列台上出售的盒装、罐装、易拉罐装或瓶装商品，包括意大利面酱、汤、牙膏、汤品罐头、清洁剂、狗粮、软饮料、非处方药物、化妆品、奶制品、车用油、防冻剂和油漆。

零售商想要成功实施品类管理就必须在整个管理过程中始终坚持使用零售技术。品类经理重点关注库存、空间和消费者流量，以提高销量，增强盈利能力。如果零售商用标价枪给每件商品标价或在结账时手动输入商品价格，说明他们并未实施品类管理或者最常见的零售技术。甚至零售商即使使用了扫描器也不能说他们一定实施了品类管理。品类管理最有效、最高效的应用体现在包装消费品，但是零售商也能对**纺织品**（服装、鞋类、珠宝、亚麻制品和毛巾）有效实施零售技术和品类管理。品类管理的实施要求收集消费者购买行为相关数据并改善物流。

零售商使用的不同策略影响着品类管理的整体实施效果。零售策略的影响可以很容易从品类管理的战略和战术中看出：广告、促销、定价、商品组合规划、推销和货架空间分配。接下来的章节将更深入探讨品类管理业务流程的具体细节。

回顾

大部分零售商店都是从市中心商业区中的家庭式商店开始，然后发展成连锁商店。随着零售业的演变，零售商发展出宗旨声明，开始根据定价、客户服务和商品组合规划相关的策略进行决策。这些决策选择影响着品类管理的实施。食品日用品零售业的两种主要定价结构包括日常低价和高低定价，这两种定价分别基于产能圈和体验圈策略。

技术从许多方面改变了零售业，包括供应链管理和空间管理。供应链管理指的是将供应商、制造商、仓库、商店和运输媒介高效集成一个无缝连接的价值链，从而优化空间，提高销量。这个策略最终随着技术应用的发展演变为品类管理。商品的品类是根据销售点系统数据、企业联合数据和顾客行为研究结果进行管理，品类经理负责品类的广告、促销、定价和推销等任务。财务业绩的追踪是在品类层面上进行，而不是在部门层面上。关

24

键供应商称为零售商的战略业务合作伙伴，并参与到规划过程中。

关键术语

商品组合 22	广度 22	高低定价 18
氛围 21	每日低价 18	磁性黑板 25
宽度 22	体验圈 20	产能圈 20
协同、规划、预测与补货 23	排面 25	纺织品 26
包装消费品 26	快速消费品 26	供应链管理 23
客户关系管理 22	预先购买 19	

活动

- 研究你所在地区两种存在竞争关系的日用品店，根据你的研究和观察结果，描述这些零售商使用的零售策略的有效性。注意选择一个使用高低定价策略的零售商，另一个是使用日常低价策略的零售商。
- 对比分别通过体验圈和产能圈吸引顾客的两个服装零售商，举例说明他们提供的服务以及价格点，说明你作为顾客和作为零售从业人员时分别认为哪个零售商更有趣。

讨论问题

1. 当家庭式商店开始演变成连锁商店时它们面临的主要挑战是什么？
2. 区别每日低价和高低定价两种策略。
3. 解释预先购买的概念。
4. 对比产能圈和体验圈。
5. 对客户关系管理进行定义。
6. 商品组合规划如何演变？
7. 对供应链进行定义。
8. 定义并解释 CPFR。

9. 空间管理如何从手动操作演变品类管理?

25

参考文献、来源、网址和推荐读物

- Arkader, R. and C. F. Ferreira. 2004. Category management initiatives from the retailer perspective: A Study in the Brazilian grocery retail industry. *Journal of Purchasing and Supply Management* 10: 41 − 51.

- ECR Europe. 2001. *A Guide to CPFR Implementation.* Spain: ECR Europe and Accentura.

- Harris, J. K. and M. McPartland. 1993. Category Management Defined: What it is and why it works. *Progressive Grocer*, 72 (9): 5 − 8.

- Singh, J. and R. Blattberg. 2001. *New generation category management.* Category Management, Inc. London: Datamonitor PLC.

- Steidtmann, C. 2002. *Reinventing retail: The challenge of demand chain innovation.* New York: Deloitte Research.

- The Wharton School of the University of Pennsylvania. 2000. *How store location and pricing structure affect shopping behavior.* Pennsylvania: Knowledge @ Wharton, http://knowledge. wharton. upenn. edu/articlepdf/203. pdf (accessed September 19, 2007).

3 衡量指标与绩效

学习目标

本章结束时，学生应能够：

- 解释加价和降价的概念。

- 了解并计算当前加价。

- 定义资产衡量指标。

- 定义绩效衡量指标。

- 了解作业成本法（ABC）。

- 了解作业成本法在品类管理中的应用。

简介

　　所有商业人士必须决定用什么方式来衡量成功。成功意味着主题公园的游客人数、顾客的客服评价、客户人数，或者针对零售销量和毛利润的绩效数字衡量指标。根据不同业务类型，成功可以通过许多不同方式来确定，但是通常情况下，零售商判断成功的标准是针对零售销量和毛利润的绩效数字衡量指标。过去零售业曾使用销售额、利润和加价作为成功衡量指标。**销售总额**指的是一段时间内的总销售量。**净销售额**指的是销售总额减去客户退货额等销售减项后得到的数值。这两种指标对于衡量一个零售商店或连锁商店是否成功至关重要。为了真正衡量零售商是否成功，我们还必须确定零售商生成销售总额或净销售额时花费的成本，包括商品直接成本和间接成本，如运输成本以及准备和出售特定商品相关的其他费用。在本章中我们将回顾许多熟悉的概念，并使用这些概念确定更加复杂的业绩衡量指标。

加价

　　加价指的是商品成本与零售价格之间的差价：零售价格 − 成本 = 加价。将加成金额除以零售价格就得到**加价百分比**。例如，如果零售商决定一个售价 10 美元的商品加价是 2 美元，则加价百分比就是 20%。**初始加价**指的是商品或库存单元的加价。例如，假设零售商购买商品 X 为每件 18 美元，然后将商品单价定为 36 美元，则初始加价为 18 美元，加价百分比为 50%。有时候零售商的初始加价低于最终加价，则零售商会更改零售价格，提高加价。当零售商通过提高加价来升高初始零售价格时，这个加价就称为**额外加价**。同样举商品 X 这个例子，零售商将加价和零售价格提高 2 美元，则商品 X 的新零售价现在变成 38 美元。这里额外加价百分比是 2/38，即 5.3%。然而，许多零售商是在销售过程中更改零售价格和加价。单个库存单元的加价总额称作**累计加价**。例如，10 件商品 X 以 36 美元的初始零售价出售，累计加价为 18 美元，另外 10 件商品 X 以 38 美元的二次零售价格出售，累计加价为 20 美元。累计加价的确定方法是计算获得的总加价，然后除以所出售单元数量对应的销售总额，如图 3.1 所示。

累计加价百分比 $= [(18\,美元 \times 10) + (20\,美元 \times 10)] / [(36\,美元 \times 10) + (38\,美元 \times 10)]$

$= (180\,美元 + 200\,美元) / (360 + 380)$

$= 51.4\%$

图 3.1 累计加价百分比

注：原书结果为 52.7% 。——编者注

降价

降价指的是降价库存单元的零售价。零售商降价的原因有几种，降价通常用于与其他零售商竞争并减少库存。顾客知道换季或者某个品类中的新商品上市时会降价。换季时，零售商通常会逐步降价，首先降价 15% ，接着降价 25% 和 50% ，最后还有更大力度的降价。如果竞争对手以更低的价格出售相同的库存单元，零售商也会降价。计算降价百分比时只需将降价金额除以原始零售价即可。例如，一个库存单元的初始零售价为 100 美元，如果降价为 25 美元，则降价比例为 25% 。如果出现一系列降价，则计算降价百分比时应将降价金额除以新零售价。例如前一个例子中的库存单元新零售价是 75 美元，如果降价百分比为 10% ，则新降价 7.50 美元。降价计算方法如图 3.2 所示。一段时间内的降价率是将这段时间内降价总额除以相同时间内的销售净额。

原始零售价	100.00 美元
减去降价（25%）	25.00 美元
新零售价	75.00 美元
减去额外降价（10%）	7.50 美元
额外降价后的新零售价	67.50 美元

图 3.2 额外降价的计算

降价的方式有几种，包括瑕疵品降价、员工折扣、促销降价（临时降价）或者清仓降价。瑕疵品包括有压痕或者部件缺失的商品，例如纽扣遗失。瑕疵品通常"按现状"

出售，这意味着不可退货或换货。大部分零售商为员工提供折扣，通常员工能够以标准的降价比例购买所有商品和服务。促销折扣只是促销期间的临时折扣，是以更低的价格对库存单元进行广告促销。清仓降价是长久性的降价，通常发生在：①季末；②商品供应中断；③商品组合撤销；④商品出现滞销时。商品组合撤销指的是某个商品组合内所有商品都不再上市出售，例如只有蓝色上衣和红色半身裙的商品组合。商品滞销的原因多种多样，包括：①天气异常；②不受购物者欢迎的商品组合；③商品陈列位置少有顾客走动，或者陈列方式不合适；④商品到货太晚，无法与其他品牌或者拥有类似商品的其他零售商竞争。

当前加价

当前加价指的是商品成本和实际销售价格之间的差价（见图3.3）。

$$当前加价 = 初始加价 + 额外加价 - 降价$$

图3.3 当前加价

30　　使用之前商品 X 的例子，其初始加价为 18 美元，后来产生额外加价 2 美元。假设后来零售商将商品 X 降价 4 美元，则当前加价为 18 美元 + 2 美元 – 4 美元 = 16 美元。

　　毛利润指的是商品总成本和零售总额之间的差额。毛利润 = 当前加价 – 运输成本 – 工作间成本 + 现金折扣。运输成本指的是商品运输相关成本，包括货运费用。工作间成本指的是与商品零售准备有关的成本，如男款便裤和新娘礼服之间交替陈列所需的成本。现金折扣指的是零售商在具体日期之前或当天支付货款时得到的折扣。例如，典型的现金折扣收货后 30 天内付款，折扣率为 2/10。此时如果在开票后十天内付款，则零售商会收到 2% 的折扣，否则发票将在 30 天内到期。

　　随着零售业的发展演变，大部分零售商根据自己的毛利润确定产能。但是大卖场改变了这一切。大卖场或者折扣商店在确定业务经营策略时通常会选择产能圈。产能圈要求零售商降低加价，或者与供应商谈判降低成本，从而提高总体销售额。

　　使用传统的毛利润公式时，对于利润低但销售额高的零售商，无法充分评估其真正的成就。当一个季度结束，零售分析师对零售商进行评估，或者通过零售商年度报告进行评估时，这些零售商的成就会被严重低估。分析师和零售商开始意识到这个公式是不充分的，并开发出**库存投资毛利润回报率**（Gross Margin Return on Inventory Investmemt, GM-ROII）评估工具，如图3.4所示。GMROII帮助零售商对比各部门、供应商、商店和客户群的表现，但是仅仅分析毛利润并不能反映真实情况。利润是指零售价和成本之间的差价。利润高的商品，例如珠宝不能与利润低的商品进行比较。GMROII考虑的不仅是利润，还有回报率。例如，以20美元的零售价出售商品A，获得10美元利润（50%）和4次存货周转，或者以4美元零售价出售商品B，获得1美元利润（25%）和200次存货周转，你选择哪一个？

在商品A和商品B的例子中，GMROII的计算方法如下：

商品A＝40美元/10美元＝4.00　或　（0.50×4）/（1－0.50）＝4.00

商品B＝200美元/3美元＝66.67　或　（0.25×200）/（1－0.25）＝66.67

GMROII＝毛利润（美元）/平均库存成本

或

GMROII＝［毛利润率（%）×存货周转］/（1－毛利润率）

图3.4　库存投资毛利润回报率（GMROII）公式

如表3.1所示，从商品A中可以获得40美元利润，从商品B中可以获得200美元利润。如果仅仅比较利润，则无法准确评估每个商品的实际盈利能力。我们必须考虑存货周转的影响，才能充分确定两种商品的毛利润。

表3.1　存货周转和总利润

商品	零售价（美元）	利润（美元）	利润率（%）	存货周转（次）	总利润（美元）
A	20	10	50	4	40
B	4	1	25	200	200

资产衡量指标

在品类管理过程中，我们以许多方式衡量产能，以确定单位面积商品陈列数量与销售额。通过衡量业绩和资产，我们找到了适用于商品或商品品类的产能衡量指标。

资产的衡量指标共有三种：①空间；②容量；③库存金额。对于零售商而言一个重要衡量指标是确定如何利用陈列空间产生销售额。空间可以通过三种方式衡量：①**平方英尺**；②**直线英尺**；③**立方英尺**。报告零售额时一个常见的指标是每平方英尺销售额，时装零售商最经常使用这种方法。例如一个零售商在报告中表示每平方英尺的销售额为 600 美元。换句话说，在一年时间内，1500 平方英尺（30 英尺宽，50 英尺长）的销售额为 900000 美元（600×1500）。一般说来，12"×12" 的一块地砖面积就是 1 平方英尺。平方英尺是对空间的二维衡量，即"长×宽"。直线英尺指的是一个货架直线上的英尺数，通常用于衡量货架空间的产能。例如，长度 30 英尺的货架所占空间就是 30 直线英尺。第三种指标是立方英尺。立方英尺是三维指标，包括长、宽、高。例如，一个货架的长度（30′）×宽度（2′）×高度（2′）=120 立方英尺。

确定资产产能的第二个指标是**库存单位或容量**。库存单位或容量指的是一个货架上所装的商品数量——从货架正面到背面，以及相互堆叠的商品数量。你可以想象一下货架上的陈列单元就能知道什么是容量了。资产的第三个指标是库存金额（容量×单位成本），即填满整个货架所需的金额。以 iPod 为例，零售商需要投资多少金额才能将 iPod 装满一个货架？

业绩衡量指标

业绩的第一个衡量指标是**每平方英尺移动**，或者移动量/空间。商品周转次数是多少？例如，如果陈列单元的存货周转量为 12，占用 4 直线英尺，则每直线英尺的移动为 12/4=3 直线英尺。这个指标衡量的是所分配的每英尺空间产生的移动，换句话说，衡量的是空间在生成顾客流量时的产能（见图 3.5）。

每平方英尺移动=存货周转量/平方英尺

图 3.5　每平方英尺移动公式

业绩的另一个衡量指标是**每平方英尺销售额**，或者销售额/空间，用于说明空间在生产销售额时的效率。举个例子，占用 4 线性英尺的 iPod 销售额为 600 美元，则空间销售额为 600/4 = 150 美元/直线英尺。这个指标反映的是所分配的每英尺空间所生成的金额（见图 3.6）。

每平方英尺销售额 = 销售总额/平方英尺

图 3.6　每平方英尺销售额公式

每平方英尺销售额对于零售商而言是珍贵的信息，而将这个信息与**每平方英尺利润**结合会得到更重要的信息。每平方英尺利润说明空间在生成利润方面的产能，计算方法是将总利润除以总平方英尺数。例如，如果陈列单元生成 50 美元总利润，则每平方英尺利润为 50 美元/4 = 12.50 美元/平方英尺。如果 iPod 生成 300 美元的总利润，则每平方英尺利润为 300 美元/4 = 75 美元/平方英尺。因此 iPod 生成的利润和销售额高于陈列单元（见图 3.7）。

每平方英尺利润 = 总利润/平方英尺

图 3.7　每平方英尺利润公式

货架周转量是针对货架空间使用的存货效率衡量标准，用于衡量商品在货架上的周转次数。为了计算货架周转量，需要使用移动/容量公式。这是一个实际销售指标，用于衡量一年内全部卖完货架上商品单元的次数。例如，如果一个货架上装有 20 个陈列单元（容量），每年移动为 12，则货架周转量为 12/20，即 60%。货架周转量低于 1.00 则表示一年（或一个经营周期）内商品没有全部售完。上述例子中货架周转量为 0.60，说明一年内货架上的 20 个陈列单元只卖出 60%，即 12 个（见图 3.8）。

货架周转量 = 移动/容量

图 3.8　货架周转量公式

供货天数是库存效率的衡量指标，特别适用于协调交货时间表和存货时间表。举个例子，如果日用品商的冷藏区只有足够的空间容纳 20 盒牛奶（容量），而每天卖出 40 盒牛奶（移动），则供货天数应为 20/40 = 0.50，或者半天，则这个日用品商必须每天对牛奶进行补货才能跟得上需求（见图 3.9）。

供货天数 = 容量/每日移动

图 3.9 供货天数公式

作业成本法

33

作业成本法，通常称为 ABC（Activity Based Costing），是对商品关键作业的成本进行组织。为了更好地理解作业成本法的目的，我们需要了解直接成本和间接成本的概念。直接成本指的是与商品明显相关的成本，例如采购价格。间接成本指的是并非与商品直接相关的成本，例如销售费用、经营费用和行政管理费用等费用。大部分商店通过预先确定的百分比，将间接成本归为商品成本或商品品类成本。举个例子，一个品类中五种不同商品的总经营费用为 10000 美元，则每个商品分摊 20%，也就是 2000 美元。这种方法的好处在于计算非常简单。但是，这个方法假设五种商品所需的经营投入是相等的。通常根据这个传统方法，需要更多经营努力的商品似乎经营费用比较低。表 3.2 列出了传统意义上间接成本的分摊。假设一个商店一共出售了 10000 件五种不同商品，花费的经营费用为 40000 美元。根据传统方法应该将 40000 美元除以 10000 件商品，得到每件商品的经营费用为 4.00 美元，如表 3.2 所示。

表 3.2 通过传统会计方法计算单位经营费用

		总经营费用 = 40000 美元			
商品	零售单价（美元）	已售件数	单位经营费用（美元）	单位利润（美元）	利润率（%）
A	8.00	3000	4.00	4.00	50
B	10.00	2500	4.00	6.00	60

总经营费用 = 40000 美元					
商品	零售单价（美元）	已售件数（美元）	单位经营费用（美元）	单位利润（美元）	利润率（%）
C	12.00	2000	4.00	8.00	67%
D	15.00	1500	4.00	11.00	73%
E	18.00	1000	4.00	14.00	78%
合计		10000			

在所有商品的单位经营费用相同的情况下，由于商品 E 零售价更高，因此看起来单位利润和利润率（扣除直接成本前）更高。这种情况下，商品 A 的利润率只有 50%，而商品 E 的利润率达到 78%。但是常识告诉我们，零售价高的商品往往经营成本更高。因此传统方法计算高售价商品得到的利润率是虚高的。

同样使用前面一个例子，我们假设进一步分析后商店能够确定销售五种商品各自所需要的真正作业，每种商品所需的经营费用如表 3.3 所示。将每个商品所需的步骤乘以已售件数，得到的就是每种商品的经营总步骤。例如，商品 A 的经营总步骤为 3000 步（1 × 3000）与 5000 步（1 × 5000）。当每个商品的所有经营步骤计算完毕后，就可以算出所有商品需要的总体步骤。这里例子中的总体步骤是 25000 步。接着我们将 40000 美元的经营费用除以总体步骤，得到成本动因率，或每步费率。最后再将 1.60 美元的成本动因率（40000 美元/25000）乘以每件商品的经营步骤，就得到单位经营费用。

表 3.3 通过作业成本法计算单位经营费用

商品	零售单价（美元）	已售件数	单位经营步骤	经营总步骤	成本动因率（美元）	单位经营费用（美元）	单位利润（美元）	利润率（%）
A	8.00	3000	1	3000	1.60	1.60	6.40	80
B	10.00	2500	2	5000	1.60	3.20	6.80	68
C	12.00	2000	3	6000	1.60	4.80	7.20	60
D	15.00	1500	4	6000	1.60	6.40	8.60	57
E	18.00	1000	5	5000	1.60	8.00	10.00	56
合计		10000		25000				

至此，我们可以清楚地看出使用作业成本法和传统方法（见表3.4）计算出的单位经营费用的差别。例如，商品 A 现在的单位经营费用为 1.60 美元，降低了 3.20 美元。商品 E 的单位经营费用增加了 4.00 美元。

表 3.4 传统会计方法与作业成本法的对比

商品	传统会计方法					ABC 作业成本法		
	零售单价（美元）	已售件数	单位经营费用（美元）	单位利润（美元）	利润率(%)	单位经营费用（美元）	单位利润（美元）	利润率(%)
A	8.00	3000	4.00	4.00	50	1.60	6.40	80
B	10.00	2500	4.00	6.00	60	3.20	6.80	68
C	12.00	2000	4.00	8.00	67	4.80	7.20	60
D	15.00	1500	4.00	11.00	73	6.40	8.60	57
E	18.00	1000	4.00	14.00	78	8.00	10.00	56

牢记经营总费用是 40000 美元，总销售额和总利润保持不变。作业成本法根据每种商品的实际作业重新分摊经营费用，以准确反映每种商品花费的费用。

在品类管理中的应用

现在我们已经了解了产能衡量标准的公式和定义，但是还需要将其运用到现实生活场景中。零售商照常进行业务经营，将过去订购的商品摆上陈列台和冷藏陈列柜。当货架变空时，零售商重新补货。商品分类按照供应商的建议和零售商的过往经验确定。但零售商注意到总销售额、净销售额和毛利润均出现小幅下降，因此聘请了一位顾问帮助零售商决定需要做出哪些改进。第一步时审核所有定量数据，包括销售额、加价、降价、成本和毛利润，这些都属于零售成功的典型衡量指标。然而品类管理顾问开展了更深入的分析。品类管理团队希望减少供应天数，增加利润金额，减少缺货情况，最终提高推销活动的吸引力。

分析过程中第一步是审核销售点数据，包括确定每个库存单元的销售额、排面数量和成本。评估货架图时有三种衡量指标：业绩、资产和产能。业绩衡量指标包括移动、销售额、总利润、空间、库存单元或容量，以及库存金额（容量×单位成本）。

回顾

零售商通常通过销售额和毛利润衡量是否成功。为了了解销售额和毛利润，我们必须了解**加价**的概念。加价指的是商品成本和零售价之间的差价。**加价百分比**计算方法是将加价金额除以零售价。特定商品销售一段时间后，零售商可能会提高其加价，称为**额外加价**。单个库存单元的总加价称作**累计加价**。

零售商也会采用降价策略，即降低库存单元的零售价，从而增加销售额，降低库存水平或者达到其他效果。大部分时候，顾客知道换季商品会降价。将初始加价加上额外加价，再减去总降价，得到的就是**当前加价**，即商品成本和实际售价之间的差额。

此外零售商也会使用**库存投资毛利润回报率**（GMROII）方法评估业绩，这个方法不仅考虑利润，还考虑回报率。

在品类管理过程中，产能的衡量方法有许多种，包括资产衡量。资产衡量指标一共有 36 三种：①空间；②容量；③库存金额。作为业绩的衡量指标，空间产能通常表示为**每平方英尺销售额**、**每直线英尺销售额**或**每立方英尺销售额**。

库存单位或容量指的是一个货架上从货架正面到背面所装的商品数量，以及相互堆叠的商品数量。

关键术语

活动

- 月度哈佛商学院工作论文：时间驱动作业成本法（http：//hbswk. hbs. edu/item/5436. html）并重新思考作业成本法（http：//hbswk. hbs. edu/item/4587. html）。
- 重新思考近期自己的购物体验，列出购物体验的布置，从你离开自己家开始。根据你的小时工资或最低工资给每一项活动指定一个成本，包括开车成本。

讨论问题

1. 如果存货周转率为 24，使用的是 6 英寸的空间，那么商品周转次数是多少？

2. 如果打印机销售额为 420 美元，所占空间为 2 英尺，那么空间生成销售额的产能是多少？

3. 如果笔记本电脑创造 150 美元的利润，占用空间为 6 直线英尺，那么空间创造利润的产能是多少？

4. 如果一个货架装有 24 个玩具，存货周转量为 8，那么货架周转量是多少？

5. 如果一段时间在一个货架上摆放 40 件果汁，每日移动为 4，那么这款果汁的供货天数是多少？

参考文献、来源、网址和推荐读物

- Easterling, C. R., E. L. Flottman, M. H. Jernigan, and B. E. S. Wuest. 2007. *Merchandising math for retailing*. 4th ed. Upper Saddle River, NJ: Prentice Hall.
- Petersen, J. A., L. McAlister, D. J. Reibstein, R. S. Winer, V. Kumar, G. Atkinson. 2009. Choosing the right metrics to maximize profitability and shareholder value. *Journal of Retailing* 85（1）: 95 – 111.

4 零售价值链管理

学习目标

本章结束时，学生应能够：

- 掌握零售价值链管理的定义，并将此概念运用于零售业。
- 解释快速响应和全面质量管理对有效消费者响应（Efficient Consumer Response, ECR）的影响。
- 列出 ECR 的关键因素。
- 列出 ECR 的五个指导原则。
- 结合传统零售业发展探讨 ECR 的起源。
- 说明有效商品分类的目的。
- 列出零售业中改善补货流程的技术变化。
- 讨论开发有效促销存在的挑战。
- 讨论在新品引进之前进行测试的好处。
- 列出 ECR 带来的收益。

简介

价值链管理是迈克尔·波特在《竞争优势》（*Competitive Advantage*：*Creating and Sustaining Superior Performance*）（1985）一书中创造的术语。**价值链**指的是商品在流动中实现增值的一系列流程。本章将价值链概念运用于零售行业，得到零售价值链。推动零售价值链发展的五个因素分别是：

（1）零售业的竞争变化和结构变化；

（2）越来越激烈的价格战；

（3）自有品牌商品的增加；

（4）全球零售巨头对于供应商的控制；

（5）零售企业和延长的价值链之间的竞争。

零售价值链的管理和改进是一个革命性的过程。零售业内的三大运动促成了零售价值链的发展：

（1）快速响应（QR）；

（2）有效消费者响应（ECR）1992 年和 1996 年模型；

（3）协同、规划、预测与补货（CPFR）。

快速响应

如第 1 章所述，快速响应是由服装行业在 20 世纪 80 年代面临进口商品带来的挑战时发明的一种策略。QR 通过降低库存水平、提高商品质量、提高员工生产率、提高存货周转率及减少商品降价和库存成本等策略为制造商提供竞争优势（Kurt Salmon Associates，1997）。另一个关键原因是使用技术回顾当前的行业实践，营造出零售商与供应商协同合作的环境。上述每一个因素都为零售业，特别是日用品行业中的 ECR 运动发展奠定了基础。

有效消费者响应的发展

20世纪90年代时发展ECR运动是作为一种零售管理策略,用于改善食品零售业的供应链,让零售商、批发商和工商通过提高供应链竞争力创造并保持竞争优势,为日用品消费者带来更大价值。ECR是零售商和供应商首次合作,为双方一起改进经营实践开发的一个具体框架。ECR借鉴了日用品业的最佳实践以及其他行业策略,如日用百货行业的快速响应和制造业的**全面质量管理**(Total Quality Management,TQM)。其中TQM是20世纪50年代兴起的一场运动,通过让商品生产所有相关方参与到质量管理中,从而提高商品质量。以上策略带来的另一个成果就是协同、规划、预测与补货模型的诞生。这些流程都是零售商为了改善零售价值链而进行的战略管理。战略管理指的是一个组织为了创造和保持竞争优势进行的分析、决策和采取的行动。在实施战略管理过程中使用ECR有四个重要的关键因素:

(1)引导组织实现总体目标;

(2)将所有收益相关方纳入决策过程;

(3)制定短期和长期规划;

(4)认识到效率和有效性之间只要权衡。

实施ECR的主要障碍是组织结构上的障碍,首席运营官(CEO)的背书是其中关键。除了引导组织实现总体目标,CEO还负责将所有收益相关方纳入决策过程,同时制定短期和长期规划。如果出现组织结构的变化,必须进行权衡。实施ECR要求新的衡量体系。除了传统的效率和有效性衡量指标以外,还必须提供新的衡量指标,包括第3章中提到的作业成本法的改进成本核算系统。

制造商、批发商和零售商作为业务联盟,共同降低总体成本、库存和实物资产,同时为消费者提供更好的购物选择。有效消费者响应包含五个指导原则:

(1)专注为消费者提供更大价值:更好的商品、更好的质量、更好的商品组合、更好的现货服务以及更高的便利性,同时降低整个供应链的成本。

(2)ECR必须由坚定的商业领袖负责推动,为了盈利他们愿意着手改变零售商和供应商之间曾经敌对的关系。

(3)准确且及时的信息对于高效的市场营销、生产和物流决策必不可少。这些信息必须通过电子数据交换（Electronic Data Interchange, EDI）技术在贸易合作伙伴之间流通。

（4）商品流动注重的是在合适的时间将合适的商品提供给合适的消费者。

（5）业绩是通过整个系统的有效性进行衡量，包括成本降低、库存水平减少、收入增加和利润。ECR 促进这些成果在合作伙伴之间公平分享。

这样看来非常简单，ECR 的目的是将夫妻日用品店的两种概念结合起来：①满足消费者的需求；②充分利用零售商有限的货架空间保持预期的盈利水平。有效消费者响应中高效的定义指的是在合适的时间和地点提供合适数量的合适商品，这也是基本的市场营销原则。ECR 将供应链库存水平降低了41%，将平均供货天数从104天减少到61天，从而为日用品业省下几十亿美元（Kurt Salmon Associates，1993）。

ECR 诞生的原因是日用品店及其贸易合作伙伴的利润，或者加价非常低。利润或加价指的是零售价与成本之间的差价。因此他们开始意识到必须采用更好更高效的方法进行业务经营。日用品商及其贸易合作伙伴或供应商（经销商和经纪人）都希望在日用品业获得成功。过去日用品商、供应商、经销商和经纪人属于对手，但现在通过信息分享和共同目标成为真正的合作伙伴（Kurt Salmon Associates，1993）。

在20世纪80年代末和90年代初，经济衰退加上自有品牌商品的增长以及仓库会员店和大型购物中心等新型零售业态的激增，给日用品业带来了改变业务方式的动力。90年代中期，一群行业领导者组建了有效消费者响应工作组（Efficient Consumer Response Working Group），在其领导下带动了这一变革。他们委托开展了一项重大研究，确定日用品业如何可以节省数百亿美元。自从通用商品码实施以来，这项举措成为日用品零售业最宏伟的项目。这个被称为合资业项目的小组开始分析供应系统中的每一个环节，确定削减成本和提高效率的方法，最后通过一系列报告（Kurt Salmon Associates，1993）来传播信息。

ECR 的收益和要素

ECR 带来有形和无形收益。增加供应商和零售商销售额与利润的有形收益很容易为大众所认识，也是 ECR 的核心目标。ECR 带来的无形收益也同样重要。表4.1 显示了顾客、零售商和供应商如何通过 ECR 获得无形收益。这些收益使消费者能够获得更好的零售体验，同时零售商和供应商在商业关系和品牌建设方面取得更大成功。

表 4.1 ECR 的无形收益

顾客	零售商	供应商
增加选择和购物便利	提高消费者忠诚度	减少缺货现象
减少缺货现象	更加了解顾客情况	增强品牌诚信
货品更新鲜	改善与供应商的关系	改善与零售商的关系

通过采用：①有效的商品分类；②有效的补货；③有效的促销；④有效的商品引进四大举措，ECR 着眼于缩短供应链时间，减少供应链成本。这四大举措减少文书工作和依靠技术，从而降低业务总体成本，提高效率。每项举措都会通过下列形式最终影响到消费者的购物体验：

（1）根据顾客需求提供方便购物的商品分类；

（2）保持所需品类的高库存水平；

（3）通过广告宣传和价格激励来传达商品优点和价值；

（4）开发和引进符合消费者需求的商品。

ECR 的成功实施让商品、质量、品类、服务、便利和价值全面升级。图 4.1 显示了 ECR 对消费者满意度的影响（Kurt Salmon Associates，1993）。

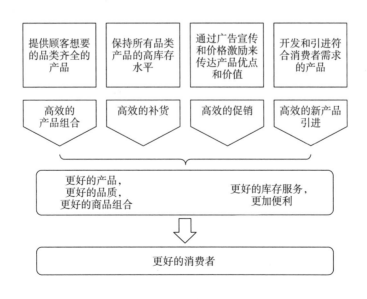

图 4.1 ECR 对消费者满意度的影响

虽然 ECR 的支持者已经意识到可从这个过程中获益，但 ECR 的采用极少能够立竿见影。根据研究，实施 ECR 可以降低 5.7% 的消费者价格，4.8% 的运营成本，0.9% 的库存水平。这些数据因国家、零售商、分销渠道和商品而有所不同。零售商和供应商必须保持耐心。尽管未发现真正的竞争优势，但是未将 ECR 付诸实践正是竞争劣势的一大原因。从对抗关系向合作零供关系转变是主要优势之一。创新与合作提高了效率和效益，从而更好地回应最终消费者的需求。图 4.2 显示了与 ECR 相关的成本节约。

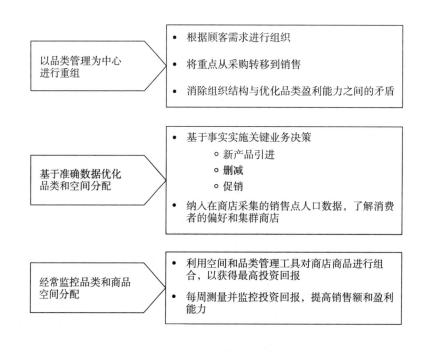

图 4.2　ECR 的成本节约

除了为顾客提供更好、更满意的购物体验之外，零售商及其合作伙伴还可通过以下方式获得一系列经济收益：

（1）降低商品和次品成本；

（2）减少贸易和消费管理费用，降低商品引进失败率；

（3）通过持续补货和电子数据交换，销售和购买变得更加自动化，无须现场人员；

（4）更高效地运用运营分销中心、仓库和货车；

（5）解雇部分文员和会计人员；

（6）通过采用自动订货，增加每平方英尺/直线英尺/立方英尺的销售量（Kurt Salmon Associates，1993）。

有效的商品分类

建立**有效的商品分类**是 ECR 的主要内容，有效的商品分类不仅最大限度地提高空间利用率和效率，包括货架空间和储藏空间，同时还带来消费者满意。品类管理是销售规划系统性考虑的发展，是有效商品分类举措的成果。货架空间的分配基于：①对商店精确数据和 POS 扫描数据的分析；②促销和季度调整的商店销售历史；③项目数据库，包括实体商品特征、价格和成本信息；④消费者邮政编码、会员卡信息和信用卡信息的销售点进行身份识别和人口统计。

除了增加销售额和毛利润之外，实施有效的商品分类还会带来诸多收益。但是，部分收益难以量化，如客户满意度和由此产生的商店忠诚度。

有效的补货

有效补货的目的是共同管理库存，以简化商品分销，降低仓储和分销成本。零售成功取决于在正确的时间地点，提供适量的合适商品，这正是有效补货的目的。另外，通过管理库存，零售商和供应商可以降低仓储和分销成本。有效的补货将顾客、零售商店、配送中心、公司总部和供应商连接到一个同步系统。信息通过**电子数据交换**（EDI）系统准确传送。商品从生产商转移到配送中心，再到商店，最后到顾客手中（Kurt Salmon Associates，1993）。

大多数效率低下的情况都脱离不了补货，包括在仓库或配送中心建立库存，需要零售商在劳动力和潜在损失方面投入巨额成本。低效率情况包括：

（1）存货占用成本过高；

（2）损坏率增加；

（3）行政费用超额；

（4）生产进度高度波动。

例如，当生产商向零售商提供特价优惠而零售商购买额外商品时，商品即推入配送中心。顾客购物带来商店补货订单需求，商品又从配送中心拉出。这种推拉态势导致买卖过 45

程之间缺乏同步。零售商维持现金流的最有效方式是在商品出售后支付商品费用。当零售商的商品仓储时间长于正常情况时，基本上就要支付空间"租金"，现金流就会减少。推拉态势最大程度减少了零售商的现金流，同时增加了商品受损的可能性。

以下几项举措使补货得到了改善：

（1）**直接转运**。商品运到配送中心时正好要送到商店，即发生直接转运。这一词最早是指商品从一辆货车过驳装卸到另一辆货车，中途未进入配送中心或仓库。

（2）**预先出货通知**（Advance Shipping Notices，ASN）。ASN 是包装箱外面的出货标签，印有处理订单所需的所有信息。

（3）**店铺直送**（Direct Store Delivery，DSD）。对于日用品店内的某些类型商品，包括软饮料、啤酒、薯条和零食，店铺直送十分常见。生产商将商品直接运送到商店，店员未经手商品。

（4）**计算机辅助订货**（Computer Assisted Ordering，CAO）。CAO 自动生成商店补货订单，广泛用于消费性包装品。CAO 的成功实施存在四个关键要素：

①销售人员准确扫描商店商品；

②零售商和厂商所用数据库系统之间的准确通信；

③基于准确扫描的永续店铺库存系统；

④采用零售商和厂商提供的 EDI 系统和数据库。

有效的促销

有效促销的目的是降低促销成本。自 ECR 面世以来，促销支出组合发生了巨大变化。以往，广告宣传、消费者促销和贸易促销相结合，这种组合不断变化和演变。

技术让零售业的许多方面变得更加高效和有效，另外，技术也加大了促销的实施和发展难度。过去，零售业主要集中在印刷、广播和电视广告、**贸易促销**和**顾客促销**。数字录像机（DVR）的出现以及包括报纸和杂志在内的多种印刷媒体形式的预期消亡，影响了这些传统广告形式的成功和潜在效率。此外，互联网改变了广告——网上浏览的许多视频剪辑会伴随一则简短，但不得不看的广告。这些变化迫使各方重新评价自己对有效促销的评估。

贸易促销是指生产商因零售商提供推销机会而直接向其支付的费用。贸易促销包括上架费和零售商特定促销。上架费是指供应商向零售商支付店铺内货架空间的费用。人们发现，贸易促销占到了零售商总收入的15%～25%。供应商利用贸易促销来改善与零售商的关系，建立顾客的品牌忠诚度，从而增加销售量。**预先购买**是一种增加分销流程成本的贸易促销，当生产商提供折扣优惠时大量购进商品。然后，零售商将商品存起来，零售商店需要商品时再取出。

顾客促销是指针对顾客的促销，包括优惠券、店内折扣和选赠商品。2004～2007年，大量购物者（从13%增至17%）尝试促销新品。尝试新品的大部分人都在55周岁以下。2005年，一项针对欧洲购物者的研究发现，69%的购物者因促销活动而购买新商品或不同品牌。

有效的商品引进

有效商品引进的目的是通过及时分析销售点数据来提高将新品引入商品分类的成功率。商品引进管理将降低引进不成功的次数，为顾客提供更有价值的商品。新品引进存在两个关键方面：①时机；②创新。满足顾客的真实或感知需求可以决定新商品的最终成功。许多新商品实际上是现有品牌的延伸，可能体现为品位、尺寸和其他属性的形式。ECR Europe开展了关于新品引进的研究，发现所有新品中只有2.2%是真正的新品，6.1%是商品线延伸，77%是其他商品的复制品。因此，真正的创新只占新品的一小部分。不幸的是，大多数新品都无法存活一年以上。43%的真正新品在一年内淘汰/濒临淘汰，51%的商品线延伸在一年内淘汰，77%的复制商品在一年内淘汰（ECR Europe，1999）。

许多零售商，包括日用品店和宠物用品店为顾客提供附条形码的常客卡。条形码允许零售商将顾客添加到数据库，将顾客与其家庭地址联系起来。借助常客卡，零售商还能够通过跟踪促销和促销产生的购买行为，确定向特定地址发送促销信息如何影响顾客的购买习惯。新品可以在有限的市场区域进行测试，确定其成功的潜力。此外，零售商还可以测试自有品牌新品和客户满意度，其好处包括：①降低新品的失败率；②在现实环境中测试新品；③确定新品盈利的可能性（Kurt Salmon Associates，1993）。

有效消费者响应的演变

品类管理是需求管理的核心。**需求管理**包括商品分类、促销和新品引进的优化。

供应管理的目的是在正确的时间和正确的地点尽可能有效地为顾客提供适量的合适商品。有效的商品补货一直是为零售商和供应商节省成本的最成功举措。节省的促成要素包括自动订货、直接转运、供应商协作、需求预测和生产规划。实施的关键要素包括销售点（POS）数据和标准化商品交付包装识别，如 RFID。

促成 ECR 的技术包括通用识别标准、标准电子信息和全局数据同步。其允许零售商跟踪销售情况，跟踪顾客偏好，提高成本核算的准确性。技术使企业能够获得有关价值链成本结构的新信息。

协同、规划和预测以及成本/利润和价值衡量使零售商和供应商能够结合其他功能来全面评估 ECR。"协同、规划、预测和补货"（CPFR）是一项跨行业计划，旨在改善供应商与零售商之间的关系。CPFR 对于协同的重视超过**厂商管理库存**（Vendor Managed Inventory，VMI）、供货商管理库存和**持续补货计划**（Continuous Replenishment Program，CRP）等过去的协同策略。CPFR 增加了协同规划和预测这两个重要部分，有助于简化价值链中的业务流程，但需要高度信任和可衡量的数据改进。CPFR 是 ECR 供应方的发展，而**协同顾客关系管理**（Collaborative Customer Relationship Management，CCRM）则是需求方的发展。CCRM 使零售商和供应商能够管理所有的顾客体验接触点（销售点、电视、广播、呼叫中心、电子邮件、互联网等）。ECR 是一个不断演变的零售策略，随着技术的进步，供应商与零售商之间建立更加协同的关系，ECR 也将继续不断变化。

回顾

价值链是商品获得价值的过程流（维基百科）。零售价值链的管理和改进是过程和思想的演变。零售业内的三大运动促成了零售价值链的发展：①快速响应；②Kurt Salmon 及其同事在 1992 年提出了联想有效消费者响应模型；③协同、规划、预测和补货（Finne and Sioven，2009）。

有效消费者响应借鉴了日用品业的最佳实践以及其他行业策略，如日用百货行业的快速响应和制造业的**全面质量管理**（Total Quality Management，TQM）。ECR 是 20 世纪 90 年代针对零售商、批发商和供应商开发的零售管理策略，通过增强供应链竞争力创造和维持竞争优势，并为日用品消费者带来更大价值。

共有四个基本的主题领域：①有效的商店分类；②有效的补货；③有效的促销；④有效的商品引进。这四大举措减少了文书工作和依靠技术，从而降低业务总体成本，提高效率。

关键术语   48

预先出货通知（ASN） 52　　　店铺直送（DSD） 52　　上架费 53

协同顾客关系管理（CCRM） 54　有效的商品分类 51　　全面质量管理（TQM） 55

计算机辅助订货（CAO） 52　　有效的商品引进 53　　贸易促销 52

持续补货计划（CRP） 54　　　有效促销 52　　　　　价值链 46

直接转运 52　　　　　　　　　有效补货 51　　　　　　厂商管理库存（VMI） 54

需求管理 54　　　　　　　　　预先购买 53

活动

- 准备关于简要介绍 ECR 的讲演，假设自己的讲演对象是没有零售背景的小团队。
- 完成哈佛商学院个案分析——Zara：快速时尚。
- 观看关于哈佛商学院的视频或光盘——Zara：快速时尚。

讨论问题

1. 定义价值链管理。
2. 将价值链管理概念运用于零售业。
3. 供应商和零售商之间的关系是如何发生变化的？
4. 列出 ECR 的四大要素。
5. 列出 ECR 的五项指导原则。

6. ECR 如何帮助日用品零售商节省开支？

7. ECR 如何创造更高的消费者满意度？

8. 解释有效商品分类的目的。

9. 列出补货期间供应链中的低效率情况。

10. 列出零售业中改善补货流程的技术变化。

11. 讨论开发有效促销存在的挑战。

12. 讨论在新品引进之前进行测试的好处且定义贸易促销。

13. 定义上架费。

14. 新品引进有哪两个关键方面？

15. 列出 ECR 带来的收益。

参考文献、来源、网址和推荐读物

• Bhulai，S. 1997. Efficient Consumer Response. http：//www. math. vu. nl/

• Dess，G.，G. T. Lumpkin，and A. Eisner. 2006. *Strategic Management*，2nd Ed. New York：McGraw – Hill Irwin.

• ECR Europe. 2001. *A guide to CPFR implementation.* Spain：ECR Europe and Accenture.

• Finne，S.，and H. Sivonen. 2009. *The retail value chain.* London，UK and Philadelphia，USA：Kogan Page Ltd.

• Frozen Food Digest. 1997. Market study results released：New product introduction success，failure rates analyzed. *Frozen Food Digest*（July 1），http：//www. allbusiness. com/marketing/ market – research/631186 – 1. html（accessed March 9，2009）.

• Hashmi，K. 2003. Introduction and implementation of Total Quality Management（TQM）. *iSixSigma. com.* October　8. http：//www. isixsigma. com/library/content/c031008a. asp（accessed March 17，2009）.

• Klaassen，A. 2006. *Marketers lose confidence in TV advertising：78% say effectiveness is diminishing：Clutter，DVRs to blame.* March 22. New York：Ad Age.

• Kracklauer，A.，Mills，D. Q.，and D. Seifert. 2010. *Collaborative Customer Relationship Management.* New York：Springer Berlin Heidelberg.

49

- Kurt Salmon Associates, Inc. 1993. *Efficient consumer response. Joint industry project on efficient consumer response.* Washington, DC: Food Marketing Institute.

- Kurt Salmon Associates, Inc. 1997. *Quick response: Meeting customer need.* Atlanta, GA: Kurt Salmon Associates.

- Masters, K. 2007. *In the age of TiVO, advertisers scramble to keep up.* NPR. http://www.npr.org/s.php? sld = 10190951 &m = 1 (accessed March 15, 2009).

- McKinnon, A. 1996. *The development of retail logistics in the UK.* A position paper. UK Technology Foresight. http://www.sml.hw.ac.uk/logistics/pdf/RetLogES.pdf (accessed March 15, 2009).

- Porter, M. 1985. *Competitive Advantage: Creating and Sustaining Superior Performance.* New York: Free Press.

- Schiebel, W. 2000. The value chain analysis of ECR Europe: Interpreting a system innovation in supply chains. *Proceedings of the Fourth International Conference on Chain Management in Agribusiness and the Food Industry.* May 25 – 26. 645 – 652. Wageningen: Wageningen University Press.

- Trade Promotion Management, http://www.wipro.com (accessed March 3, 2009).

5 品类管理流程

学习目标

本章结束时，学生应能够：

- 解释品类管理八步流程。

- 绘制顾客决策树。

- 解释品类层级，以及品类的四个基本角色。

- 解释评估与评分表之间的关系。

- 定义品类策略。

- 列出品类战术。

- 了解店内营运的挑战。

- 解释品类回顾流程。

简介

品类管理是一种零售管理方法，通过制定清晰、明确和可实现的计划，适应日益复杂和不断变化的顾客人口特征。品类管理使零售商能够利用所有可用资源（包括技术、协同业务关系、组织结构、评估工具、策略和业务流程）来达到销售的成功。本章讨论 Partnering Group 开发的品类管理流程。

品类管理流程

Partnering Group 确定了品类管理的两个核心组成部分：①**策略**；②业务流程。策略是指零售商的整体业务策略。业务流程是指实现策略所需的日常工作，包括旨在达到特定结果的一系列结构化活动。Partnering Group 开发出八步品类管理流程，被许多人称为品类管理的最佳实践。这个八步品类管理流程（见图 5.1）仍是行业标准，尽管其他流程法见诸各种零售文献，品类管理团队也有所开发。本书描述了这个八步流程法及其改编。最早流程法中的八个步骤分别是：①**品类定义**；②**品类角色**；③**品类评估**；④**品类评分表或绩效指标**；⑤**品类策略**；⑥**品类战术**；⑦**品类计划执行或实施**；⑧**品类回顾**（Partnering Group，1995）。尽管流程中的各个步骤是分开讨论的，但这个流程中的许多步骤却相互重叠。

品类定义

品类定义是流程的第一步，对于零售商的差异化策略至关重要，因为零售商如何在一个品类中进行细分的方式最终会影响零售商的市场定位（ECR Europe，2000）。品类定义根据顾客的欲望和需求对品类进行定义和分类，通过先构建顾客决策树，然后是品类中的单品来确定顾客的欲望和需求。要准确定义一个品类，零售商必须至少从两个来源寻求信息：①回顾零售商、竞争对手、厂商和顾客目前所使用的定义；②顾客行为研究。第一点通过观察比较容易评估，而第二点则难度更高，但可以通过观察顾客购物、离店时访谈和

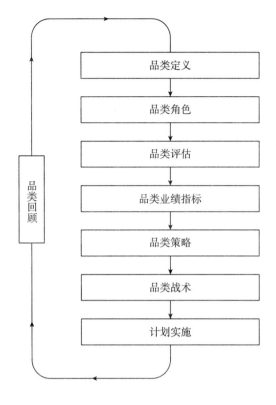

图 5.1　品类管理流程

资料来源：由 Partnering Group 供图。

分析顾客的**购物篮**进行评估；此类信息通常从销售点数据、会员卡等来源收集。

　　品类是指一组特定的、可管理的商品和服务，且顾客认为该组商品和服务在满足他们需求方面相互关联或可以替代（Partnering Group，1995）。各类零售商根据公司的商品组合定义一个品类。例如，宠物商店可定义：①鱼；②狗；③猫；④小宠物；⑤爬行动物；⑥鸟类；⑦野生鸟类等品类。书店有：①儿童读物；②爱情小说；③商业书籍；④宗教典籍；⑤杂志等品类。

　　日用品店的典型品类包括：软饮料、烘焙食品、奶制品、瓶装水等。每种品类可能包括若干类商品，例如，瓶装水包括蒸馏水、家用泉水、进口水、矿泉水、加味水和维生素水；容器包括塑料瓶和玻璃瓶、五加仑瓶等各种尺寸容器瓶。水是一个独特的可管理的且顾客认为可替代的商品类别。当零售商定义瓶装水等品类时，他们会销售所有可能的品项，确定商品类别是否满足顾客的欲望和需求。为了确定顾客的欲望和需求，零售商构建了一个**顾客决策树**（见图 5.2），帮助他们根据顾客的行为和决策过程来确定如何定义品类。顾客的行为和决策应引导这个过程。顾客决策树中的例子显示了顾客如何针对软饮料

（日用品店、便利店或大型商场中常见的品类）做出决策。一旦顾客在进入陈列该品类的通道时决定购买软饮料，顾客就会根据品牌、卡路里值、尺寸和容器类型开始做出决定。虽然顾客经常做决定，但他们很少会意识到这个快速的过程。然而，零售商必须分析决策过程才能准确定义品类。

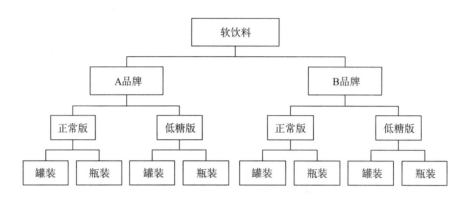

图 5.2　顾客决策树

54　　　基于决策树，零售商构建**子品类**、中分类和小分类。这是品类管理流程中的一个重要步骤。将品类细分能够让零售商和品类经理专注于小规模数据集，从而进行更深入的分析。由于一个品类细分为**中分类**和**小分类**以及单品，各级别都变得更加独立和容易评估。品类定义必须至少分为四个级别：品类、子品类、中分类和小分类（ECR Europe，2000）。中分类可能基于品牌，而小分类则基于中分类范围内的**品牌延伸**（见图 5.3）。品牌延伸是在现有的同名系列商品中添加新品。例如，樱桃可乐和香草可乐是可乐的品牌延伸。

　　　　另一个细分例子是宠物商店里的狗商品品类；子品类包括食物、美容、服装、零食和饼干（PetsMart. com）。狗食的中分类由价格、生活方式、宠物大小、特色、风格或口味来定义。中分类又定义为干粮或罐头食品等小分类。

　　　　零售商确定品类的定义方式。明确了解顾客的需求、购买行为以及商品属性之间的相互关系，如小分类内的选择，对于品类管理流程的成功至关重要（ECR Europe，2000）。随着时间的推移，零售商可能会改变品类的定义方式，但是，定义总是由顾客选购商品的方式决定的。当零售商试图重新定义一个品类时，他们会利用顾客研究，这会影响品类定义和顾客决策树。品类定义的挑战之一是关注顾客的行为而非厂商的定义。例如，当顾客计划制作香蕉布丁时，零售商的计划必须符合顾客的想法。顾客正在考虑配方成分：香蕉、牛奶、布丁粉和香草威化饼。以顾客为导向的零售商会在生产部的香蕉旁放置布丁粉和香草威化饼专柜。在厂商的定义中，香草威化饼应该放在饼干品类中，布丁应该放在烘

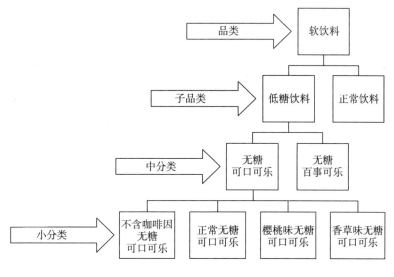

图 5.3 品类级别

资料来源：由 Partnering Group 供图。

焙品类中。改变品类定义的方式会影响零售商在品类范围内的商品推销。在香蕉布丁等例子中，零售商通常把商品置于两个或更多品类中，有多个陈列点。下一步是确定一个品类在零售商中所扮演的角色。

品类角色

55

第二步是确定**品类角色**。品类角色由零售商业务中不同品类重要性的优先级确定。一个品类的角色随着零售渠道的不同而大相径庭。将品类分为四种基本角色：目标性品类、**常规性品类**、**偶然性/季节性品类**和**便利性品类**。一是目标性品类，例如日用品店中的牛奶或便利店中的气体/软饮料：①代表了零售商门店的形象；②对目标购物者非常重要；③在销售增长方面居于所有品类的领先地位；④占用零售商很大比例的资源，包括人员、空间和库存投资。二是常规性品类在价值、增长和利润之间实现了平衡；该品类通常是顾客需要经常购买的商品，例如日用品店里的纸巾或卫生纸。三是偶然性/季节性品类对于购物者来说十分重要，提供了一部分日常的日用品需求。例如，复活节礼品篮和复活节用品就是大多数商店的季节性品类商品。偶然性/季节性品类可以季节性地作为**目标性品类**。四是便利性品类，允许顾客以较低的频率购买品类商品，但却加强零售商的"一站式"购物形象，为利润增长提供机会（ECR Europe，2000）。例如，软饮料在便利店中品类角色与其在日用品店中的角色差异较大。在便利店中，软饮料商品作为**目标性品类角色**，而在日用品店里则作为常规性或便利性品类角色。

零售商逐渐开始为每个品类分配角色，同时会回顾基线数据。基线数据使零售商能够回顾历史信息并预测未来。在构建了对品类绩效的预测之后，品类管理团队可以实际地分配品类角色。这个阶段对于品类管理流程十分重要，让零售商能够：①在店铺内分配品类陈列位置；②预测零售销售额；③分配人力资源；④满足顾客。在确定角色时，零售商必须了解：①顾客的购物行为；②整体市场；③竞争；④零售商的财务状况；⑤顾客人口统计特征。第 6 章将更详细地讨论每个角色。

品类绩效评估

零售商策略的下一步是**品类评估**。这一步让零售商能够通过找出销售、利润和库存周转中的机会空间来确定改进品类业务的机会（Singh and Blattberg，2001）。通过这一步，零售商可以评估现状，以便在下一步制定目标。在完成品类评估时，零售商通常会提出以下问题：

- 零售商的目标顾客是谁？零售商是否能满足目标顾客？
- 为什么目标顾客对零售商来说会成为全面的门店机会？
- 零售商争夺目标顾客的竞争对手是谁？
- 与关键竞争对手相比，有哪些机会来提高自己的地位？
- 市场上的战略品类是什么？对目标顾客意味着什么？
- 零售商应该如何在跨品类层面分配品类角色，然后根据品类机会优先分配资源？
- 中分类的人口统计特征是什么？
- 这一品类的关键竞争对象是谁？
- 中分类表现如何？
- 哪些商品有助于增加客流、关联销售、销售和利润？
- 什么是可能影响中分类表现的关键战术驱动因素？（ECR Europe，2000）

品类评估注重对品类表现的研究和分析。在这个阶段，零售商通过提供适合目标顾客需求的品牌和中分类决定品类是否符合他们的需求以及零售商的品类销售表现如何。在完成这个步骤时，零售商和供应商之间的关系是非常重要的。他们必须能够共享信息，包括顾客人口统计数据和生活方式数据、联合数据、零售空间分配或货架空间陈列规划和管理数据、品牌数据、品类趋势、市场份额数据、竞争对手分析、表明促销活动有效性的数据、成本数据和利润数据（Singh and Blattberg，2001）。在第 6 章中将详细讨论评估阶段。

品类评分表或绩效指标

品类管理流程的下一步是品类评分表（见图 5.4）或绩效指标。在这个阶段，零售商设定每个品类角色在销售额、库存周转、利润、投资毛利率以及其他生产力指标方面的预期目标。零售商制作评分表时，必须：①制定指导原则的标准；②设计生成和管理评分表措施的系统；③获得维护评分表所需的技术；④提出达到评分表设立的目标时针对零售员工和供应商的奖励措施（Partnering Group，1995）。品类评分表的指导原则应：

（1）与企业战略相关联；

（2）在零售商和供应商之间达到平衡；

（3）包含该品类的整个业务活动；

（4）在各业务单位之间实现标准化，以便于零售商业务之间的比较；

（5）及时；只有在数据及时的情况下，评分表才有意义；

（6）所有利益相关者都可以理解；

（7）准确；评分表必须准确评估品类的绩效表现。

```
消费者：
    购物篮中的商品数量                 ____ ____ ____
    购物篮的金额价值                   ____ ____ ____
市场份额                             ____ ____ ____
销售                                ____ ____ ____
销售额/平方英尺，每周                 ____ ____ ____
毛利润                              ____ ____ ____
毛利润率（%）                        ____ ____ ____
毛利润/平方英尺，每周                 ____ ____ ____
日供给量                            ____ ____ ____
库存周转                            ____ ____ ____
库存投资回报率或资产回报率            ____ ____ ____
```

图 5.4 品类评分表

评分表将实际指标与目标指标进行比较。例如，一个目标可能是每10%的购物篮中可以找到某个品类的一个商品。零售商通过分析POS数据，确定具有该品类商品的购物篮的实际百分比。另外，他们还审查与该品类相关的财务数据，包括销售额、毛利润率、利润和资产回报率。最后，他们确定零售商是否达到预期的市场销售份额，即这个分析中的辅助联合数据。除了衡量财务数据之外，他们还分析销售数据，包括库存（日补给量）、缺货（OOS）和库存周转。

下一步是确定每个品类的策略。但是，在确定品类策略之前，必须审查零售商的职责和策略。了解零售商的整体职责和策略是创建可执行计划的关键。最终，针对品类制定的策略必须与部门和零售商的企业策略保持一致。在评估零售商的职责和策略时，需要回答几个基本问题：

- 什么是零售商的形象？这包括价格、商品分类、质量、一致性和顾客服务。
- 零售商和零售分析师确定的关键绩效指标是什么？其中包括市场份额、营业费用占销售额比例、销售额、毛利润率、净利润、资产回报率、库存周转率、库存投资回报率和缺货。

品类策略

品类流程中的第五步是品类策略，即制定策略，以实现品类角色和品类评分表的流程。这个阶段非常重要，因为这些策略也影响着发展品类的战术选择。品类策略的制定有五个基本的驱动因素：

（1）购物总次数；

（2）包含某个品类的购物百分比；

（3）购物篮的交易价格；

（4）毛利润率；

（5）实际利润（ECR Europe，2000）。

选择适当的策略时，零售商和供应商会评估几个标准。品类管理团队通过采用以下策略之一，力求关注增长和利润：

（1）**吸引客流**：市场份额、购买频率、占整体销售额比例较高的商品。该策略的重点在于将客流引导到商店和商品所在的过道。吸引客流商品的例子包括软饮料、卫生纸和纸巾。

（2）**扩大交易**：销售额较高的商品以及通常是冲动购买的商品。该策略的重点在于增加品类、过道或整个店铺店内的平均交易规模。扩大交易的例子包括日用品店中的店内烹饪示范所用的商品、聚会用商品或海滩游玩用商品。

（3）**增长利润**：毛利润率和库存周转较高的商品。该策略的重点在于创利能力，例子包括高利润率的任何商品，如矿泉水制作的软饮料或时装。

（4）**产生现金**：热销及库存周转较高的商品。例子包括牛奶、蛋类、肉类和蔬菜。

（5）**创造刺激**：以生活方式为主导或季节性的冲动性购买商品。这种商品给顾客带来一种迫切感或机会。例如包括"一次性购买"、节日装饰品、假日季热销儿童玩具或新款电脑游戏。

（6）**提升形象**：根据零售商的整体形象来提升零售商形象的商品，无论是"一站式"零售商还是具有最新款、最新潮商品的零售商。这包括高度促销的商品、冲动性商品、独特性商品或季节性商品，例如 Wii 主机和游戏。

（7）**保护业务领域**：与竞争对手相比，将品类定位为吸引顾客的商品。零售商利用此类商品来吸引他们的传统顾客群。例如可能包括自有品牌食品和药店品牌（Partnering Group，1995）。

第 7 章将详细讨论品类策略。一旦决定每个品类的策略，选择策略或行动来帮助零售商达到战略目标（Partnering Group，1995）。

品类战术

品类战术的目标是选择特定行动方案而实现特定的品类策略。战术的六种范围包括：①商品分类；②定价；③促销；④推销；⑤服务；⑥微观营销。六种品类战术如图 5.5 所示。所有人员必须参与到这一流程中来，其中包括品类管理、商店运营、商品推销等方面的人员，以及区域总监/商店经理。在确定适当的成功战术时，所有人员都将发挥重要作用。商店运营人员确定商店推出新商品的影响力和时机，此外帮助品类管理团队就新品引进、淘汰、促销日历和商品推荐等制定时间计划。**淘汰清单**是指从商品分类中淘汰的商品清单。推销团队将帮助确定推销计划做出变动的适当时机。区域主管和商店经理对任何项目的成功均具有极为重要的影响；如果零售商希望做出任何改变，那么他们对改变的认同是至关重要的。

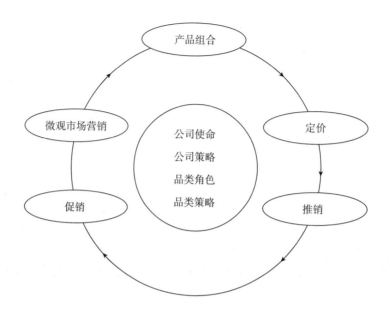

图5.5　品类战术

计划执行或实施

　　流程的下一步是**计划执行**或实施。在这一步中，零售商基于细致的品类分析，安排商品在店铺内的位置。如果未成功实施通过此规划和分析制定的货架图，所有其他步骤都将无功而返。零售商除了做出与商品适当陈列有关的决定之外，还必须信任商店员工，确保实施商品推销。只有正确、按时实施，好的货架图才能成功。不幸的是，品类管理流程经常在此处跌倒。为了成功实施货架图，实施流程的几个环节应：

　　（1）与零售商的整体策略保持一致；

　　（2）基于相关的绩效指标；

　　（3）与零售商提供的资源配置（货架空间、促销活动、人员，固定类型）相符；

　　（4）积极影响零售商商品分类内的其他品类（Partnering Group，1995）。

　　在店内实施之前，先制定流程内的许多步骤：

　　（1）通知店内人员任何重大变化，包括设施移动、设施更换或重新安置商品品类；

　　（2）集合决策过程中的所有管理人员；

（3）将因计划实施导致店铺经营效益相关事宜如服务中断或相关成本等通知所有参与评估的人员。

一旦实施开始，先在多个"测试"店铺测试新的货架图，确保货架图的可操作性。检查店铺，确保符合新的货架图。货架图投运并有时间影响销售之后，检查经营效益数据（ECR Europe，2000）。

主要的实施步骤如图 5.6 所示。该图显示了每个步骤的大致时间以及同时发生的步骤。

	第1个月				第2个月				第3个月			
	1	2	3	4	1	2	3	4	1	2	3	4
审核数据												
最终确定产品组合决策												
开发新货架图												
收集新的销售点数据												
分析数据												
更新计分卡												

图 5.6　实施

品类回顾

这是品类管理流程中的最后一步——但是就流程而言，计划回顾也可以看作起始一步。品类的动态和商品的创新决定了计划回顾的频率。但是，所有计划都必须进行定期、长期的回顾。

计划回顾对于包括零售商和厂商在内的品类管理团队来说是一个机会，可以回顾所有的绩效衡量标准，以确定该品类是否符合品类评分表中设定的目标。用于衡量成功的典型数据包括 POS 数据、联合数据和购物者研究。数据包括年销售额、利润、利润率、库存投资回报率、顾客忠诚度数据、缺货记录和营业额。流程中的这一步可以是流程的开始或是结束，取决于零售商是开始全新的品类还是回顾现有的品类。这个流程继续回到第一步，让零售商能够维持一个有效的品类。

流程只是一个工具，帮助从事一项活动的人员制定时间表，确保所有活动都包含在计划之中。流程从来不会适用于所有人，也不会包含一切。但是，流程让所有利益相关者有机会回顾流程，完善流程，从而满足特定活动的要求。不论是原有的品类管理流程，还是后来设计的多种改编版本，都有助于品类管理的实施，且有望达到成功实施。

回顾

品类管理是一种零售管理方法，通过制定清晰、明确和可实现的计划，适应日益复杂和不断变化的顾客人口特征。Partnering Group 确定了品类管理的两个核心组成部分：策略和业务流程。最早流程法中的八个步骤分别是：①品类定义；②品类角色；③品类评估；④品类评分表或绩效指标；⑤品类策略；⑥品类战术；⑦计划执行或实施；⑧品类回顾（Partnering Group，1995）。品类定义根据顾客的欲望和需求对品类进行定义和分类。品类角色由零售商业务中不同品类重要性的优先级确定。品类评估让零售商能够通过找出销售、利润和库存周转中的机会缺口来确定改进品类业务的机会（Singh and Blattberg，2001）。通过品类评分表或绩效指标，零售商设定每个品类角色在销售额、库存周转、利润、毛利投资回报率以及其他生产力指标方面的拟定目标。品类策略是指制定策略，实现品类角色和品类评分表的流程步骤。品类战术的目标是选择特定行动方案而实现特定的品类策略。在计划执行或实施阶段，零售商基于细致的品类分析，安排商品在店铺内的位置。计划回顾对于包括零售商和厂商在内的品类管理团队来说是一个机会，可以回顾所有的绩效衡量标准，以确定该品类是否符合品类评分表中设定的目标。

61　关键术语

活动

以后每章将基于下列活动：

● 选择店铺中的一个商品品类。查看（拍摄）两个不同零售商的商品货架图。回答下列问题：

  · 每个零售商如何定义品类？

  · 这个品类有哪些商品？

  · 查看（拍摄）三个不同零售商的商品货架图。

● 如何看待各零售商构建品类的顾客决策树？针对每个零售商绘制顾客决策树。

讨论问题

1. 描述品类管理八步流程。
2. 讨论顾客决策树如何帮助零售商定义一个品类。
3. 一个品类分为哪些不同级别？为什么区分这些级别如此重要？
4. 品类有哪四个基本角色？请一一举例。
5. 评估与评分表之间有什么关系？
6. 品类战术如何与品类策略相互作用？
7. 列出店内实施的三个挑战。

参考文献、来源、网址和推荐读物

● ACNielsen. http：//www2 . acnielsen. com/pubs/ 2004_ q3_ ci_ consumer. shtml/

● ECR Europe. 2000. *The essential guide to day – to – day category management.*

● Partnering Group. 1995. Category Management Report. *Joint Industry Project on Efficient Consumer Response.* Washington，DC：Food Marketing Institute.

● Partnering Group，http：//www. partneringgroup. com/

● PetSmart. http：//www. Petsmart. com/

● Singh，J. and R. Blattberg. 2001. *New generation category management.* Category Management，Inc. London：Datamonitor PLC.

6　品类角色

学习目标

本章结束时，学生应能够：

- 分别描述品类的四个角色。
- 讨论确定品类角色所需的信息。
- 开发品类角色基线信息。
- 解释与品类角色有关的市场分析的重要性。
- 解释与品类角色有关的竞争分析的重要性。
- 解释与品类角色有关的内部财务分析的重要性。
- 解释与品类角色有关的购物者分析的重要性。
- 解释与品类角色有关的店铺状况分析的重要性。
- 对品类角色进行评估。

简介

Stew Leonard's 是康涅狄格州和纽约州的一个小型连锁超市。相比一家典型的超市，一家典型的门店能够吸引来自更广泛区域的顾客。因门店的店内营销创新和刻在入口处三吨巨石上的顾客服务政策，顾客愿意长途驱车光顾：

（1）顾客永远是对的；

（2）如果顾客错了，重新阅读第 1 条（www.stewleonards.com）。

Stew Leonard's 的理念体现了品类管理的基本原则之一：必须向顾客推销商品。另外，零售商必须记住，零售商或品类不止有一种类型的顾客。品类管理增加店铺客流量或顾客购买某一品类的可能性，所以涉及**供应管理**以及**物流**和店面活动。为了取得成功，零售商必须确定各个品类所扮演的角色，制定策略积极提升零售额，成功并坚定地实施计划。

了解品类角色

了解品类管理的第一步是开始了解商品分类或品类中各单品的角色。顾客最终决定角色。零售商开始了解顾客的同时，也开始了解如何成功地争取顾客。基本步骤包括：①确定谁光顾零售商店；②分析顾客及其购物品类；③确定某品类的目标顾客是否与零售商的目标顾客一致；④评估某品类对其他品类的影响；⑤确定顾客对零售商的价值；⑥确定顾客在选择零售商、品类或商品时的重要购买决定。所有这些步骤都与了解顾客与品类和零售商的关系相关。

品类角色基线

为了更好地了解品类角色，必须构建关于顾客、零售商和市场的信息基线。构建基线信息分为五个主要步骤：

（1）市场分析；

（2）竞争分析；

（3）内部财务分析；

（4）购物者分析；

（5）店铺状况分析。

基线信息的收集方式很多，包括外部来源，如人口统计数据、车流量数据、生活方式数据和联合数据。**内部 POS 数据**也有多种形式，包括顾客忠诚度数据和内部财务数据。第三方数据来源是零售门店、顾客和竞争对手的观察结果。

市场分析

零售商从各种来源收集数据来分析市场。例如，当零售商开始制定新店计划时，他们可能从与人口统计数据或所服务人群的定量要素相关的数据着手。**人口统计数据**包括年龄、种族/民族、收入以及家庭规模和人数。这类数据可通过美国人口普查局以及 Nielsen Claritas 等私人提供商获得。

车流量数据可通过市或州公路部门获得。这类数据显示了经过零售点的汽车数量。许多零售商在确定购物中心或综合体的可行性时，根据汽车数量或公交路线邻近程度来确定位置。**生活方式数据**包括关于家庭生命阶段的信息，如年轻家庭的购物情况与老年退休夫妇的不同。

市场包括一个地理区域内的所有潜在顾客。零售商通常将市场面向门店特定半径范围内，或从顾客住所到零售商的特定行驶时间内的所有家庭。然后，零售商审查邮政编码区域，确定潜在顾客的人口统计或生活方式数据。经过细致审查后，零售商将营销工作的重点放在契合其目标顾客概况的顾客身上。

竞争分析

竞争包括提供类似待售商品的所有零售商。例如，大卖场、便利店和日用品店提供多个品类的类似待售商品。一种用于评估竞争的数据是**联合数据**，它汇集了单个市场中许多零售商的 POS 数据，允许多个零售商用户分析比较其给定商品的销售额和竞争对手的销售额。许多零售商采用的另一种方法是"门店巡视"自己的店铺和竞争对手的店铺。各级零售商经常巡视竞争对手的店铺，了解他们的商品、价格和顾客服务。一家零售公司的地区、区域和全国主管也会经常巡视自己的店铺，完成自我评估，将自己的店铺与竞争对手的店铺进行比较。

内部财务分析

内部数据既包括 POS 数据、顾客忠诚度数据和生产率数据，也包括利润率、分销成本和销售成本数据。所有这些数据来源合并起来，形成对于零售商、零售店内品类、单品以及该品类如何促成零售商整体成功的更全面了解。归根结底，零售商决定了顾客花费多少、购物频率以及购买品类。

购物者分析

零售商必须确定在他们店铺购物的对象以及原因。零售商的预期目标顾客是否真正在零售商店购物？如果是，他们购买什么？如果不是，为什么不是？顾客真正购买的是什么，以及购买哪个品类？购物者如何通过增加或减少某品类的销售额来影响其他品类？有几种研究方法来确定零售商是否接触到目标顾客。零售商可以查阅 POS 数据以确定其购物篮的内容。购物篮包括一次购买的所有商品。例如，零售商可以用一张贺卡分析所有购物篮以找出相似点和不同点，即购买贺卡的人也可能购买面包蛋糕、冰淇淋、蜡烛或红酒、奶酪和鸡尾酒餐巾。每个购物篮都有一张贺卡；然而，庆祝形式因篮子中的商品而不同。当顾客频繁使用会员卡时，零售商利用**顾客关系管理**或顾客忠诚度数据库，将顾客购物与顾客的邮政编码相匹配。此类数据称为**地理人口统计数据**，包括由其邮政编码确定的地理位置加上来自与该邮政编码相关的美国人口普查局数据的人口统计数据。当有人离店时，零售商也可以开展离店访谈。他们还可以在顾客购物时观察，或者设立测试商店来分析顾客的行为。零售商将门店中的目标顾客与全国人口模式进行比较，了解其顾客的购物行为，然后计划其商品分组和零售策略，以最好地满足顾客群的需求。

关于顾客和零售有两个基本理论，这两个理论解释了顾客和商品组合的重要性。第一个也是最古老的理论是**帕累托法则**（Pareto's Rule）。根据帕累托的 80∶20 法则，零售商 20% 的顾客占零售商 80% 的销售额，反之亦然；零售商 80% 的顾客仅占 20% 的销售额。这意味着必须重点为 20% 的顾客提供良好服务，并做好维护，同时为其余顾客提供必要服务。

第二个理论是**长尾理论**（见图 6.1），由 Chris Anderson（2008）提出。这个概念解释了具有长尾部的频率分布。该理论指出，企业有可能小批量销售大量商品来实现重大利润。这与大多数大卖场采取大批量销售少量热卖单品的策略完全相反。大量购买不同"非热卖"单品的顾客被称为长尾顾客。

67

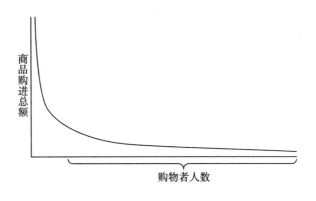

图 6.1　长尾理论

了解顾客行为非常重要，因为零售商必须在成功规划其策略和战术之前正确识别目标顾客。然后，零售商必须确保为顾客开发的商品满足目标市场的需求。零售渠道或零售业态应该是商品的首选来源。零售商随之可以确定购物者对零售商的重要性。在确定重要性之后，零售商可以根据顾客的重要性量身定制策略，包括价格、商品分类或顾客服务水平。

店铺状况分析

第五步是分析门店状况。具体步骤可能涉及门店运营的方方面面，包括但不限于：

（1）店铺管理；

（2）构建企业标准协调性；

（3）维护；

（4）安全保安；

（5）停车；

（6）店面选址；

（7）购物中心；

（8）人口向购物中心所在地迁移情况。

门店管理影响销售环境的各个方面，包括商品分类、顾客服务、安全保安以及离店效率和效果。维护不善的店铺会对销售产生负面影响，刺激顾客另寻别处。顾客通常期望具有安保出色的大型和便利停车设施。购物中心的人气或位置会随着人口的变化而变化。在制定品类角色基准时，应考虑所有这些因素。

品类角色

品类共有四个基本角色：目标性、常规性、偶然性/季节性以及便利性。当某个品类起到**目标性**角色时，顾客进入零售商店即购买该品类商品。例如，在日用品店中，第一个角色是**目标性品类**，包括面包、肉类、奶制品和农产品。由于属于目标性品类，此类商品通常位于门店布置的外围。零售业态中的目标性品类各不相同。以日用品店和便利店为例进行比较。在便利店中，软饮料属于目标性品类，而在日用品店中，则可能起到偶然性或常规性角色。目标性品类：①代表了零售商门店的形象；②对目标顾客非常重要；③在销售额、市场份额、顾客满意度和服务方面居于所有品类的领先地位；④占用零售商很大比例的资源，如人力和技术（Partnering Group，1995）。目标性品类的位置可以是在门店的外围附近，也可以是在过道的中心。美国食品营销协会（The Food Marketing Institute，FMI）按照购买频率和购买一种商品的家庭数量（渗透率）对商品进行分类。目标性品类单品具有较高的渗透率和购买频率，被 FMI 列为**主力商品**。购买频率是指每年购买某种品类的平均次数。渗透率是指在某个品类范围内购物的家庭比例。图 6.2 显示了渗透率和购买频率如何影响品类角色。

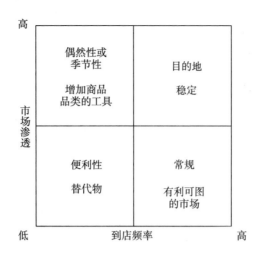

高

市
场
渗
透

低

偶然性或
季节性

增加商品
品类的工具

便利性

替代物

目的地

稳定

常规

有利可图
的市场

低　　　　　到店频率　　　　高

图6.2　市场渗透率与光顾频率

第二个角色是**常规性品类**。顾客定期地、持续性地购买此品类商品。例如，日用品店内的常规性品类可能是宠物商品。顾客进店并非为了购买宠物商品，但会定期购买狗粮、狗食或猫食或猫砂。常规性品类：①通过提供顾客定期寻求的商品，将零售商店定义为可选择门店；②为顾客创造价值，帮助塑造零售商店形象；③通过销售带来利润和现金流；④为零售商带来整体增长（Partnering Group，1995）。FMI 将常规性商品归为购买频率高、家庭渗透率低的商品，属于**小众商品**。

第三个角色是**偶然性**或**季节性品类**。顾客不定期或只在某个季节购物。例如包括万圣节、复活节、圣诞节和五月五日节（Cinco de Mayo）。现在许多大卖场都设有"季节性"过道，专供该品类商品，并随季节变化而变化。在这一品类角色中的其他品类只是顾客偶尔购买的商品，例如日用品店的清洁商品。偶然性或季节性品类：①帮助零售商满足寻求季节性和偶然性商品的顾客的期望；②保证为目标顾客提供零售价值的形象；③带来利润和现金流（Partnering Group，1995）。FMI 将此类商品归类为**品种增强商品**，尽管家庭渗透率较高，但购买频率不足。

第四个角色是**便利性品类**。顾客不经常购买此类商品，仅在顾客购买时才显重要。例如包括护鞋商品、糖果和硬件。顾客一般不会经常购买黑色鞋油、糖果或五金器具；但是，如果一家大卖场在顾客寻找此类商品时缺货，零售商作为一站式购物商店的形象将会受损。便利性品类：①保证零售商一站式购物体验的形象；②有助于带来利润率（Partnering Group，1995）。FMI 将低渗透率和低购买频率的商品称为**临时补缺商品**。

顾客购买商品的动机影响商品的角色或分类。要了解品类角色，必须先了解顾客：

（1）谁是零售商店购物者？

（2）顾客对购物体验的满意度如何？

（3）零售商店的形象是什么？

（4）谁购买品类商品？

（5）品类目标顾客与零售商的目标顾客匹配度如何？

（6）该品类如何影响其他品类？

（7）该顾客对零售商店有何价值？

（8）什么是重要购买决定？

（9）分析数据还有其他方法吗？

（10）影响品类的重要趋势是什么？

（11）交叉销售如何影响品类角色？

特定商品的角色随零售渠道而变化。以 Bath and Body Works 为例，乳液是目标性品类单品，肥皂是常规性品类单品，礼品篮是偶然性/季节性品类单品，唇彩是便利性品类单品。当换到另一零售渠道，如大卖场时，乳液则变成常规性、偶然性/季节性，甚至便利性品类单品。商品角色取决于零售商和零售渠道的形象以及顾客对零售商的认知。表6.1 总结了这四个角色。尽管每个角色对零售商都很重要，但是起到目标性角色的商品定义了零售商，受到最高度的关注。常规性角色同样也很重要，通过向顾客提供经常购买的商品来帮助零售商增加总体增长。偶然性角色的重要性体现在提供增加利润率和现金流的机会。最后，便利性角色主要是帮助维护零售商"一站式"购物体验的形象。

表6.1　品类角色汇总

品类角色			
目标性	常规性	偶然性或季节性	便利性
1. 定义零售商形象	1. 通过提供顾客定期寻求的商品，将零售商店定义为可选择店铺	1. 帮助零售商满足寻求季节性和偶然性商品的顾客的期望	1. 保证零售商"一站式"购物体验的形象
2. 对目标顾客非常重要	2. 为顾客创造价值，帮助塑造零售商店形象	2. 保证为目标顾客提供零售价值的形象	2. 有助于带来利润率
3. 在销售额、市场份额、顾客满意度和服务方面居于所有品类的领先地位	3. 通过销售带来利润和现金流	3. 带来利润和现金流	
4. 占用零售商很大比例的资源，如人力和技术	4. 为零售商带来整体增长		

资料来源：由 Partnering Group 提供。

评估角色

为确保正确分配品类角色，必须实施评估。零售商先要确定各个品类的**优势、劣势、威胁和机会**（SWOT）。**SWOT** 分析战略规划过程中的内部和外部环境。内部因素，如强势或弱势品牌名称，分别归为优势和劣势。外部因素分为机会和威胁。例如，新技术的出现根据零售商的运用方式而可能变成机会或威胁。SWOT 矩阵（见图6.3）提供了四个基本策略：

（1）**OS 策略**：零售商应该追求发挥公司优势的机会。

（2）**OW 策略**：零售商在追求机会之前，应该克服劣势。

（3）**TS 策略**：零售商应充分利用优势，更好地了解外部威胁。

（4）**TW 策略**：零售商应该坚守防御姿态，避免外部因素攻击劣势。

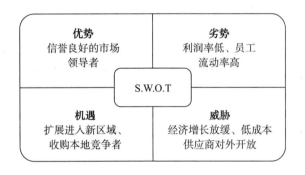

图6.3 SWOT 分析和 SWOT 矩阵

SWOT 分析在评估品类角色方面极其重要。各门店内的部门和品类对于零售商的整体成功都十分重要。在门店内，一个部门或品类的成败可能会对其他部门或品类产生有利或不利影响。因此，应确定一个品类的优势、劣势、机会和威胁，以回答下列关于店铺、部门和品类的总体策略的问题：

（1）将品类转移到店铺另一个区域如何影响销售额和知名度？

（2）增加/减少分配空间如何影响销售额和知名度？

（3）添加/删除厂商和商品如何影响顾客对商品分类的印象？

（4）添加/删除特定商品排面如何影响品类销售额和厂商销售额？

（5）将商品转移到另一个货架如何影响总体品类销售额和厂商销售额？

（6）应该按品牌、零售价还是商品类型推销商品？

（7）在规划互补商品之间的邻近关系时，哪些商品应布置在品类附近或内部？

（8）品类定义是否基于顾客行为和思维过程？

（9）是否错失任何交叉销售机会？

（10）该品类还购买了哪些其他商品？

（11）按品类、厂商或商品划分，是否在任何领域错失机会？

（12）竞争对手出售哪些商品？

（13）同类零售商在国内其他地区销售哪些商品？

（14）根据商品角色，什么是适当的生产率衡量指标？

（15）上述哪些问题能够发挥品类优势？

（16）上述哪些问题会威胁商品发挥特定角色的能力？

一旦上述问题得到解答，零售商即可比较某个品类的 SWOT，确定所分配角色的有效性。总之，该品类的优劣势必须保持平衡。威胁和机会必须进行评估。此外，零售商必须将该品类的表现与竞争对手以及整个零售链的表现进行比较。一个品类的角色最终会影响整个零售链。

回顾

了解品类管理的第一步是开始了解商品分类或品类中各单品的角色。顾客最终决定角色。零售商开始了解顾客的同时，也开始了解如何成功地争取顾客。首先，构建关于顾客、零售商和市场的信息基线。通过多种途径，可以收集关于市场、竞争、相关财务信息、购物者资料及门店状况的内外部来源基线信息。

下一步是分配品类角色。品类共有四个基本角色：目标性、常规性、偶然性/季节性和便利性。当某个品类起到目标性角色时，顾客进入零售商店即购买该品类商品。第二个角色是常规性品类；顾客定期地、持续性地购买此品类商品。第三个角色是偶然性或季节性品类；顾客不定期或只在某个季节购买该品类商品。第四个角色是便利性品类；顾客不经常购买此类商品，仅在顾客购买时才显重要。为确保正确分配品类角色，必须实施评估。零售商先要确定各个品类的优势、劣势、威胁和机会。

关键术语

便利性品类 79　　　　生活方式数据 75　　　季节性品类 79

顾客关系管理 76　　　长尾理论 77　　　　优势、劣势、威胁和机会（SWOT） 81

人口统计数据 75　　　偶然性品类 79　　　供应管理 74

目标性品类 78　　　　帕累托法则 77　　　车流量数据 75

地理人口统计数据 76　常规性品类 79

活动

● 利用所选的品类继续第 5 章的活动：

· 描述各零售商的顾客。

· 包括其他零售业态在内，谁是零售商的直接竞争对手？

· 分析各门店状况，包括：①维护；②安全保安；③停车；④店面选址；⑤购物中心吸引力；⑥人口向购物中心所在地迁移情况（购物中心的兴衰情况）。

· 每个零售商如何定义品类角色？

· 为各零售商的品类构建 SWOT 矩阵。

讨论问题

1. 品类管理中有哪四个基本品类角色？
2. 商品如何在一个门店中归为目标性品类，而在另一个门店中归为便利性品类？
3. 解释在确定品类角色时，构建关于顾客、零售商和市场的信息基线的重要性。
4. 解释与顾客和零售相关的帕累托法则与长尾理论。

参考文献、来源、网址和推荐读物 73

● Anderson，C. 2008. *The long tail*. New York：Hyperion.

- Food Marketing Institute, http: //www. fmi. org/

- Partnering Group. 1995. *Category management report.* Washington, DC: Joint Industry Project on Efficient Consumer Response.

7　品类管理策略

学习目标

本章结束时，学生应能够：

- 解释愿景陈述、使命陈述和策略之间的区别。

- 将零售商的使命陈述与确定零售商形象的策略联系起来。

- 根据零售商的使命和策略确定适当的生产率衡量指标。

- 列举出制定品类策略的五个基本驱动因素。

- 列举出品类管理团队促进品类增长和盈利能力的主要方式。

- 定义五个基本的品类管理策略并举例说明。

- 将品类角色与策略联系起来。

- 讨论可持续发展对零售业务实践的影响。

- 列举出零售商实施可持续发展的方式。

- 举例说明可持续发展对传统零售策略的影响。

简介

策略是品类管理流程的下一步。但是，在确定品类策略之前，必须确定和审查零售商的**愿景陈述**和**使命陈述**。了解零售商的愿景、总体使命和由此产生的策略之间的关系是制定可实施计划的关键。使命可描述为"我们要去哪里"这一问题的答案。策略则是要回答"我们如何到达那里"。

一些零售商还制定了愿景陈述，清楚地说明公司创始人所设想的业务。愿景陈述一般范围广泛，通常包括创始人对公司价值及其对社会贡献的想法。一旦设立公司愿景，即可制定包括使命陈述在内的策略。

论及使命陈述时存在许多思想流派。大多数专家认为，使命陈述应该是以公司核心业务及其所服务顾客为重点的简短陈述，另外，还必须符合公司愿景。使命陈述应当回答两个简单问题："我们做什么"和"我们怎么做"。

我们做什么？这个问题应该从广义上回答，而不仅是企业正常情况下提供给顾客的东西。例如，尽管零售商向顾客提供商品，但他们不仅要满足顾客的基本需求，还应该将自己定位为基于价格、价值和服务，为顾客提供良好购物体验。

我们该怎么做？这个问题涉及业务的技术要素。答案应该包括商品或服务，以及如何将其交付给客户。商品或服务应当符合目标顾客群体的需求。零售商店的优质服务和良好氛围都有助于塑造顾客的整体购物体验。

企业应该记住，愿景和使命陈述都只是业务指南。随着业务环境变化，可能有必要对其进行审查，并做出适当修改以保持竞争力。

确立愿景和使命陈述之后，企业将制定策略，以帮助其达成使命和愿景。借助品类管理手段的零售商必须根据企业战略制定各个品类的策略。在评估零售商的使命和策略时，必须回答下列几个基本问题：

- 什么是零售商的形象？这包括价格、商品分类、质量和顾客服务。
- 零售商和零售分析师确定的关键绩效指标是什么？其中包括库存周转率、库存投资回报率、利润率、缺货率、库存单位数、回报率、顾客满意度等。

品类策略

如图 7.1 所示，品类管理流程中的第五步是品类策略，即制定策略，以实现品类角色和品类评分表。这个阶段非常重要，因为这些策略也影响着品类发展的战术选择。第 8 章 77 将讨论品类战术。品类策略的制定有五个基本的驱动因素：

（1）购物总次数；

（2）涵盖某个品类的购物百分比；

（3）购物篮的价值交易；

（4）毛利润率；

（5）实际利润。

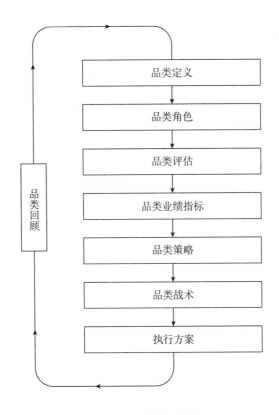

图 7.1　品类管理流程

资料来源：由 Partnering Group 供图。

上述驱动因素均可通过核查顾客购物篮的方式加以评估。零售商通过分析 POS 数据并将数据与信用卡或会员卡关联起来评估购物次数。他们试图确定顾客多次光顾一家店铺的原因，并找出促使其光顾的商品。例如，日用品店购物的动力往往是不耐久货品，如奶制品、肉类、蔬菜和面包。一旦完成数据分析，零售商可以对每个商品的适当策略和商品的角色做出判断。除了购买频率之外，零售商还通过确定总支出金额、每个单品的毛利润和整个购物篮的盈利能力，核查购物篮的实际价值。零售商为每一种品类和商品分配适当的策略和角色，另外，还要决定将哪些商品/品类布置在另一些品类/商品附近。

选择适当的策略时，零售商和厂商会根据几个标准加以评估。品类管理团队通过采用以下策略谋求增长和利润：

（1）增加购物者数量或客流量；

（2）扩大交易规模和（或）交易利润；

（3）创造刺激；

（4）提升零售商形象；

（5）维护零售商的目标市场和现有顾客群。

表 7.1　品类策略

策略	目的
吸引客流	吸引顾客进入店铺
扩大交易	增加营业收入总额；提高客单价
创造刺激	激发消费者的购物热情
提升形象	增强零售商在品种、质量、价格、服务等各方面形象
保护业务领域	维护市场份额

资料来源：由 Partnering Group 提供。

78 品类管理团队必须为各个品类制定正确的策略。表 7.1 显示了常用于提升品类有效性的五个策略。每个策略对于品类的成功都起到重要作用：前两个策略增加销售额和盈利能力，第三个、第四个策略关注顾客如何看待零售商，第五个策略则强调维持顾客忠诚度。

吸引客流

第一个策略是**吸引客流**，重点在于将顾客引入店铺、通道或某个品类。（适用于该策略的）商品是热卖商品，属于**目标性品类**。零售商依靠吸引客流的品类和商品来增加整体销售额和盈利能力。例如，当零售商降价出售软饮料时，软饮料即可起到吸引客流作用。当零售商以正常两件套的价格出售四件套时，可能会吸引大量客流进店。此类所售商品通常被称为"亏本商品"，它们本身并不创造利润，但因其销售而吸引顾客进店，并且有望引导顾客购买店内的其他单品或商品。充当其他角色的商品也可以变成吸引客流品类，包括常规性或偶然性/季节性品类。该策略十分重要，因为一旦进店，顾客可能购买属于扩大交易等其他零售策略的商品。

扩大交易

第二个策略是**扩大交易**，重点在于增大品类数量、通道宽度或店铺交易规模。（适用于该策略的）商品本质上能够促使顾客购买其他商品，从而扩大交易。扩大交易商品可以作为目标性品类、常规性品类、偶然性/季节性品类或便利性品类。充当**目标性角色**的商品例如 Boar's Head 优质熟食肉，当某种商品充当目标性角色时，顾客的使命就是去购买这种特定的商品。例如，许多顾客会去出售这种品牌熟食肉的日用品店购物，但极少会仅仅购买熟食肉。他们也可能购买面包、奶酪、调味品、泡菜和薯条，顾客还可能仅仅出于"一站式"购物的便利而购买其清单上的其他商品。充当常规性角色的商品例如猫粮。猫主人会经常购买猫粮，但是，其购物主要目的不一定是购买猫粮。购买猫粮的顾客也可能同时购买猫砂或猫玩具，从而扩大交易。充当**偶然性/季节性角色**的商品例如万圣节糖果。顾客极少会只买一包万圣节糖果，他们还可能购买万圣节装饰物品、装饰饼干和万圣节服装。充当**便利性角色**的商品例如蜡烛。当顾客在特殊情况下需要买无烟蜡烛，在经过蜡烛区时他们非常有可能购买未来需要的其他蜡烛、新的烛台，或许还有火柴、打火机。在收银台放置的杂志和糖果等冲动性商品也属于扩大交易商品，也可充当**便利性角色**。

在**扩大交易**策略中发挥作用的商品对于零售商的成功至关重要。大多数服装连锁零售商预期他们的顾客一次至少购买三件单品。他们鼓励销售人员促成额外销售；比如说腰带＋牛仔裤、珠宝＋上衣或袜子＋鞋子。销售人员经常接受培训，（学习如何）促进额外销售或扩大交易。例如，Chico's 将镜子放在更衣室外面，确保顾客和销售人员有机会互动，从而增加额外销售的可能性。

创造刺激

第三个策略是**创造刺激**，常用于确保品类管理成功。创造刺激商品通常是冲动性商品，以季节性或生活方式导向的商品为主。百货商店在引进新的流行品牌时往往采用这种策略。此类品牌通常是高端品牌，全国知名，但受众面较窄。专卖店（实行此策略时）通常以季节性商品为主，而日用品店则以冲动性商品为主。Williams-Sonoma 公司和 Pottery Barn 公司是成功通过零售商店、商品目录和互联网这三大渠道，向生活方式顾客推销的典型零售商案例。Williams-Sonoma 公司提供适合各种场合的个性化商品、食品和餐具。Pottery Barn 公司专注于高品质、舒适、时尚的家具和家居用品。Zara 和 H&M 作为服装零售商，会营造令人兴奋的零售环境，这两家零售商都被列为快时尚零售商，他们库存极少，以不补货著称。如果顾客在其中任意一家零售商看到喜欢的商品，就会知道必须及时出手。这种即时性感觉营造出店内激动人心的购物氛围。

提升形象

第四个策略是**提升形象**。这个策略关注购买频率高、推广度高、独特的或季节性商品。此类商品和品类着重于确保零售商在以下任何领域的形象：价格、服务、质量和商品分类。由于这个策略涉及许多领域，零售商如何利用这种策略取决于零售商类型。比如沃尔玛注重价格，诺德斯特姆（Nordstrom）注重顾客服务，Crane & Company 注重高品质文具。这个策略与零售商的愿景和使命关系极为密切，与价格、品种、质量或顾客服务等导向相比较而言，它更关注的是确保顾客理解零售商的定位。

保护业务领域

第五个策略是**保护业务领域**，零售商利用该策略维持既有的顾客群，在竞争中保持自身地位。PetSmart 以猫狗粮作为保护业务领域商品。它们依靠提供极为丰富的宠物食品组合，让大多数超级市场、日用品店失去与其正面竞争的兴致。保护业务领域的另一个例子 是 Target，利用新潮服装和时尚家居用品来捍卫自己的领土。这一策略与创造刺激和提升 形象战略密切相关，但最大的区别在于此策略确保了零售商的愿景和使命通过与竞争对手 的比较来实现，属于防守性策略。创造刺激和提升形象策略的目的是与顾客建立积极的关 系，而非与另一家零售商比较。

上述所有策略都是为了确保品类管理的成功实施而制定的，以产生现金流、增加毛利 润为重点。在品类管理流程中，应持续评估每个策略。然而，零售业不断发生变化，影响 零售文化各个方面（包括品类管理）的最新策略是**可持续发展**。但是，可持续性的影响 比商品本身以及商品在零售商中充当的角色更加广泛。下一部分将讨论作为零售业内部文 化变革的可持续性。每一项举措都将对未来产生深远影响，并最终改变零售业。

作为零售策略的可持续发展

品类管理最初是作为有效消费者响应的重要策略而被提出，当前最新的效率运动倡导 可持续发展。因此零售商致力于成为优秀的环保企业公民。可持续发展的主要目的是： ①通过减少产生污染的燃料使用量，或者转而采用太阳能、风能等不产生二氧化碳排放的 燃料来减少**碳排放量**；②通过回收再利用减少或消除垃圾数量。

2007 年，美国零售业领导者协会（Retail Industry Leaders Association，RILA）开始推 行社会可持续目标和商业实践。当时，两大领域分别是：①环保景观美化；②改善供应链 以减少排放。2009 年，全球零售洞察（Global Retail Insights）指出，可持续发展对全球零 售商的生存日益重要。除了政府法规之外，还有一些核心业务实践作为零售商制定可持续 发展策略的引导，其中包括成本、顾客和竞争对手。英国颁布了《气候变化法案》（Climate Change Bill），迫使企业在 2050 年之前将碳排放量削减 60%。对于企业来说，问题不 在于政府是否规定减排要求，而在于何时规定减排要求。

美国食品营销协会（Food Marketing Institute）确定了零售商制定绿色倡议的领域。该 协会的第一要务是提倡通过以下方式减少浪费：

（1）回收再利用；

（2）使用环保袋；

（3）减少零售环节再包装；

（4）与供应链合作伙伴协作，取消或减少包装；

（5）与政府团体共同参与协作行动。

81　　该协会还强调了零售商品生产、运输及销售所产生的碳排放量或二氧化碳量问题。他们提出，零售商可以通过以下方式减少碳排放量：

（1）使用节能照明系统，包括高效荧光灯、LED 照明、日光、运动传感器和太阳能天窗；

（2）改善制冷系统运行效率和维护状况；

（3）新店采用节能技术，包括蒸发冷却和辐射热地板；

（4）升级运输系统。

能源和材料密集型供应链（如商品运输），约占公司碳排放量的 75%。通过准确预测客户需求，零售商可以根据实际需要进行更有效的采购，即通过最短距离满载运输货物。最终目标是杜绝过度采购、生产过剩以及最终的浪费。每个零售商采取不同的方法来实现可持续发展，然而，随着可持续发展运动的进行，每一项倡议都可能融入零售文化并成为其中的一部分。

沃尔玛启动了一项宏伟计划，在其公司内部与供应商共同实施绿色倡议。他们主要关注三个领域：①能源环境；②废料；③商品。沃尔玛网站上有可持续发展倡议链接，其中包括"百分之百使用再生能源；实现零浪费；出售对自然资源和环境无害的商品"等环保目标。Target 希望在其自有品牌商品中淘汰聚氯乙烯。Staples 开创了奖励顾客回收任何品牌的墨水或墨盒的先例。除了回收再利用之外，他们还关注以下三个领域，以成为更具可持续性的公司——提供环保商品、节能和使用可再生能源以及环境教育。JCPenney 开发了新的示范店，其中包括由回收再利用商品制成的砖块、本地采购材料、低功率 LED 灯以及办公室、洗手间、更衣室和库房中安装的感应式传感器。Whole Foods 制定了一项 3R 计划：减少（用量）、再利用和回收（reduce，reuse，recycle），目前正在实施无纸化订货系统、堆肥和禁止使用塑料购物袋。同时，他们还在开发一项太阳能计划，并利用绿色建筑技术建造大楼。Wegmans 实施了一项海鲜计划，禁止出售任何涉及可持续性问题的海产品。家得宝设立了 EcoOptions 网站，内容包括可持续林业、清洁空气、健康家园、节约用水、能源效率以及 EcoOptions 主页虚拟游览等信息。

可持续发展正在融入零售商的策略和战术之中。正如实施包括品类管理在内的任何新策略一样，零售商的高管必须采取可持续发展倡议计划。随着零售商认识到在能源管理、回收再利用、运输、建筑和减少厂商包装等方面对运营成本和环境的积极影响，心存疑虑的零售商终将加入可持续发展运动。

回顾

策略是品类管理流程的下一步。但是，在确定品类策略之前，必须确定和审查零售商的愿景和使命。确立愿景和使命之后，企业将制定策略，以帮助自身达成使命和愿景。通过制定策略，实现品类角色和品类评分表。这个阶段非常重要，因为这些策略也影响着发展品类的战术选择。 82

五个策略对于品类的成功都起到重要作用；前两个策略可增加销售额和盈利能力，第三个和第四个策略关注顾客如何看待零售商，第五个策略则强调维持顾客忠诚度。用于提高品类有效性的五个策略分别为：①吸引客流；②扩大交易；③创造刺激；④提升形象；⑤保护业务领域。吸引客流重点在于将顾客引入店铺、过道或品类。扩大交易的重点在于增加品类、过道或店铺店交易规模。通过提供顾客认为有吸引力的冲动性、季节性或以生活方式为导向的商品，创造刺激策略常用于确保品类管理成功。提升形象策略关注购买频率高、推广度高、独特或季节性商品，确保零售商在以下任何领域的形象：价格、服务、质量和商品分类。零售商利用保护业务领域策略维持传统的顾客群，在竞争中保持自身地位。上述所有策略都是为了确保品类管理的成功实施而制定的，以产生现金流、增加零售商毛利为重点。在品类管理流程中，应不断评估每个策略。然而，随着零售业不断发生变化，影响到零售文化方方面面（包括品类管理）的最新策略是可持续发展。可持续发展正在融入零售商的策略和战术之中。随着零售商见识到在能源管理、回收再利用、运输、建筑和减少厂商包装等方面实施可持续策略对运营成本和环境的积极影响，不情愿如此的零售商也终将加入可持续发展运动中。

关键术语

活动

- 根据第 5 章所选的品类：

  · 举例说明在各个策略中发挥作用的各类店铺商品。

- 选择三类零售商中常见的五个品类。按照零售商类型，解释商品品类如何在不同策略中发挥作用。

- 请回顾十家零售商的年度报告，并总结其为创造可持续零售环境所做出的努力。

83   ## 讨论问题

1. 请说明愿景陈述如何引导使命陈述与整体零售策略的发展。

2. 零售商的形象如何与使命陈述产生关联？

3. 什么是零售商为聚焦价格、商品组合、质量和商品服务而采用的典型生产力措施？

4. 请列出品类管理策的驱动因素，分别将其与策略联系起来。

5. 请列出五项基础策略，并分别举例说明。

6. 商品或品类如何对管理策略产生影响？

7. 为什么零售商的可持续性至关重要？

8. 零售商如何实现可持续发展？

9. 举例说明可持续性怎样影响了品类管理的五项基本策略。

参考文献、来源、网址和推荐读物

- Home Depot. http：//www. homedepot. com/

- Staples. http：//staples. com/

- Target. http：//target. com/

- Walmart. http：//walmart. com/

- Wegmans. http：//wegmans. com/

8 品类战术

学习目标

本章结束时，学生应能够：

- 列举出品类管理的五种战术。
- 说明组合策略需要评估的四大领域。
- 列举出零售商在组合策略方面所做的四种选择。
- 列举出零售商在定价策略方面所做的四种选择。
- 解释商品集群的含义。
- 解释价格弹性的概念。
- 列举出定价策略的基准。
- 举例说明与促销相关的决策。
- 说明促销策略如何影响零售业的核心价值观。
- 列举出影响推销战术实施的属性。
- 说明零售商构建微观市场，或定义其业态的方式。

简介

在确定品类之后，零售商就要开始了解商品组合或品类中每种商品的角色，随后选择合适的策略。一旦确定了某一品类的角色和策略，下一步就需要制定该品类的目标实现战术，最后予以实行。零售商可通过相应战术专注于各项必要举措，从而成功实施品类管理。本章讨论的是品类管理的五项基本战术，并举例说明零售商使用这些战术的方式。

品类战术

品类战术的目标是根据品类角色，选择采取某项具体举措以实现特定的策略。在确定合适的战术时，零售商将审核四种基本的品类角色：目的性品类、常规性品类、临时性/季节性品类，以及便利性品类。这些角色决定了零售商实施各种战术的方式。战术的五个方面包括：①商品组合；②定价；③促销；④推销；⑤微观市场营销。五种品类战术如图8.1 所示。所有人员都必须参与到这一流程中来，其中包括品类管理、商店运营、商品推

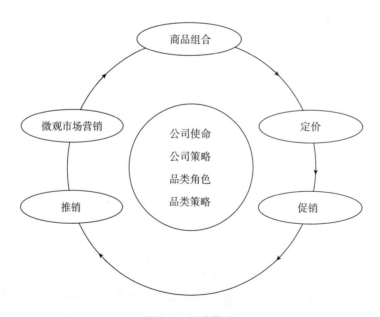

图 8.1　品类战术

资料来源：由 Partnering Group 供图。

销等方面人员，以及区域总监/商店经理。在确定适当的战术时，所有人员都将发挥重要作用。商店运营人员必须确定本店所推出新商品的影响力和时间安排。此外还需协助品类管理团队就新品推介、**商品淘汰**、促销日历和商品推荐等制定时间计划。**淘汰清单**是指从商品组合中淘汰的商品清单。推销团队将帮助确定商品推销计划做出变动的适当时机。区域主管和商店经理对任何项目的成功均有极为重要的影响；如果零售商希望做出任何改变，那么他们对改变的认同是至关重要的。

商品组合策略

第一项战术是确定零售商的最佳商品组合。品类管理团队可以决定：①维持商品组合；②从商品组合中清除或淘汰某些商品；③在商品组合中增加某些新商品。虽然商品组合由品类管理团队和零售商决定，但商品组合必须重点关注的是消费者对组合中商品数量和种类的看法。此外，还需要评估商品组合，以确定该品类中的哪些品牌和种类是品类增长的驱动因素。新商品的品类销售和销售业绩也应同时加以评估，以确定商品的可行性。

在品类管理团队确定最佳商品组合时，首先要决定**商品组合**的**广度**或**深度**。商品组合的深度是指某一品类中的品牌数量。商品组合的深度则是指某一品类中各品牌的单品数量，举例来说，速溶汤粉属于日用品商店的常见品类，其商品组合的深度包括由成分、（容量）大小和品牌划分的速溶汤种类数量。另一种深度和广度的示例是用于展示汤品的直线尺度。此种情况下，商品组合的广度是指日用品商店提供的速溶汤品牌数量，如Campbell、Progresso 和商店的自有品牌。商品组合的深度则包括排面数量和排面背后的容器数量。排面是指货架朝向顾客一侧的单元数量。**商品组合战术**有助于零售商做出四类关键的决策：①维持商品组合；②减少商品组合；③增加商品组合；④改变商品组合。

最佳商品组合的选择取决于众多变量：①目标客户的需求、要求和以往行为；②供应商商品的变化；③该区域的变化趋势；④整体营销策略；⑤改变商品组合的成本与收益；⑥删除商品的标准。品类管理团队必须研究市场，以确定其商品组合是否缺失某些单品，或者目前商品组合中的任何商品是否不具有市场效益。生产力的两个关键要素是营业额和销售额。然而，团队还必须评估商品的角色，以保障零售商的总体战略得以实现。我们再次以速溶汤为例，鸡肉面条汤的销量可能比其他口味的汤更低，但客户仍希望商品组合中包含鸡肉面条汤，从而符合便利性战略的要求。

在分析商品组合时，一般要评估四个主要领域：①顾客行为和忠诚度；②生产率指标；③品类现状；④市场趋势和类比情况。品类管理团队需要基于客户的忠诚度模式和商品替代模式，来确定客户选择品类的方式，以及在该品类中客户认为必需的商品或品牌。目前设有众多生产率指标，包括销售额、利润、营业额、库存投资回报毛利、**资产回报率**，以及每立方英尺、直线英尺和平方英尺的销售额。库存投资回报毛利是毛利率与存货周转率之间的比例关系。品类现状包括按照品牌或品类划分的新商品引入和商品淘汰。零售商和供应商必须了解市场趋势，包括零售商提供的商品种类、零售渠道和竞争等（Partnering Group，1995；ECR Europe，2000）。如果零售商决定维持这一商品组合，必须持续对其进行监控。

88　　第二项战术是通过减少品类、子品类或中分类的单品数量以缩减品类。在删除或淘汰单品之前，必须仔细分析销售额与生产力数据，以确定商品是否有助于提升该品类的整体财务业绩或客户满意度。零售商在决定是否删除某种商品或给予其最小化空间分配时，需要对以下部分标准加以审核：

（1）该商品是否在该品类中重复出现？如果商品重复且客户有意更换品牌时，则该商品可能需要退市。

（2）客户是否忠于商品？如果客户忠诚度较高，零售商可能需要保留商品并重新分配商品策略。

（3）该商品是否占用该品类的宝贵空间，并拉低整体营业额？如果商品的营业额不断降低，而更高产出的商品需要更多空间，那么该商品可能需要退市。

（4）该商品在维护品类形象方面是否发挥重要作用？部分商品并不像其他商品那样高产出，但是创造了与零售商战略相关的形象。如此，零售商将保留商品，但可能会限制其排面数量。

（5）该商品的销售额是否随着时间的推移而增长？当销售额持续增加时，整体空间分配可能发生改变，如排面数量增加。

（6）市场是否推出了新商品？新商品会改变某一品类的动态。例如，当低碳水化合物食品流行时，许多新商品被引入市场，但随着潮流的退去即遭淘汰。

（7）新商品将以何种方式影响商品组合？在同样规模的空间中，添加新商品将限制其他商品的排面数量，或者迫使其他商品遭到淘汰。

第三项战术为确定是否向品类中新增商品。在引入新商品时，所做出的决定不仅是判断是否为营销组合加入新商品，还包括对整个供应链的全面分析。涉及的相关问题包括：

- 货架空间需要怎样更改？零售商必须确定新商品储存和推销需要多少空间。

- 该商品是否易于推销？商品和容器的类型和尺寸会影响零售商推销商品的能力。螺母和螺栓等松散商品必须置于货架上的某一容器内，其他一些物品需挂在挂板上，而尺寸较大的物品则需放在较低的货架上。所有这些因素都会影响到零售商推销商品的能力。

- 增加一种新商品的**搬运成本**是多少？员工搬运商品的次数增加了新商品引入成本。许多日用品店需要多次搬运散装的水果和蔬菜，并由此增加了成本。

- 配送中心如何分拣商品？配送中心搬运商品所需的步骤数会影响零售商储存商品的可取性。例如：①自动化步骤比手动步骤更为理想；②使用越库配送的商品比配送中心临时储存的商品更受欢迎；③直接向商店交付商品增加了商品的可取性（ECR Europe，2000）。 89

规划商品组合对零售商的成功经营来说极为重要。无论零售商通过增加、淘汰商品来改变商品组合，抑或是改变空间分配，品类管理团队都必须仔细分析上述所有因素。

定价策略

确定最佳**定价**结构是零售商成功经营的关键要素，涉及营销和财务数据的分析。各品类与品类所包含的商品是通过其价格点，及其对品类、零售商形象和盈利目标的贡献进行评估的。确定商品的**价格点**时必须考虑如下几个因素：

（1）预期利润率；

（2）零售战略；

（3）与定价有关的品类动态。

价格点是零售店提供的价格范围。各种类型的零售商因其零售策略和形象的不同，而存在不同的定价问题。日用品店和大型商场通常选择每日低价或高低定价策略。可能的定价选择包括：

（1）维持当前定价；

（2）降低全部或部分品类商品的价格；

（3）提高全部或部分品类商品的价格；

（4）在某一品类中根据商品特性进行价格分类。

　　零售商在分析当前定价时，既基于过往历史，同时也将其定价结构与竞争对手进行比较。如果零售商发现其价格没有竞争力，则可能提高或降低某一品类的全部或部分商品的价格。零售商的另一种选择是根据商品特性对价格进行分类定价。例如，低脂肪或低碳水化合物饼干的价格可能与其他类型的饼干不同，这是因为对于消费者来说该种饼干的可取性也许更大。

　　品牌**分类**商品定价的第一步是确定品牌在该品类中的市场地位。各品类中皆有高档品牌、市场领导者，二级商品或品牌，以及三级商品或品牌，市场定位也各不相同。基于市场定位的定价在零售业的各个领域都很常见，如汽车、服装、日用品或家具等。第二步是通过价格**弹性**对商品进行分组。弹性是指定价方面的稳定性，主要由品类经理根据经验、通过定性评估的方式确定。商品价格共有三类弹性：超级动态（每日一次或每周两次检查品类价格）、动态（每周一次或每两周一次检查价格），或静态（每月一次或每三个月一次检查价格）。

90　　零售商还必须确定商品实现利润目标的方式，以及与竞争对手的价格相比存在哪些机遇。品类管理团队评估竞争情况和**价格弹性**，最后审核销售额、毛利率和商品对品类的贡献。判断定价策略是否有效的最终基准包括：

　　（1）**渗透与流量**——目标客户经常购买的商品。

　　（2）**转换**——用于吸引或引导客户选择新品类的商品。

　　（3）**消费和交易规模**——大宗消费者所购买的商品，而大宗消费者的消费往往高于其他消费者，其市场篮子规模较大，包含大量商品品种。

　　（4）**忠诚度与频率**——忠诚顾客所购买的商品，需要始终保持有现货。

　　当商品建立了价格形象，并且设定适当的价格以形成顾客流量时，这就是所谓的渗透与流量。转换是通过商品价格将进店者转换为买家。消费和交易规模可通过 POS 数据来评估。为确保消费忠诚度和频率，零售商需要进行价格设定，以保留忠诚的顾客，并鼓励他们频繁购买商品。此外，为确保顾客的忠诚度，还需要明确顾客对价格的反应方式。如果顾客对价格非常敏感，那么调整零售价格的余地很小。同时还必须确定品类内部商品之间的定价关系。例如，在烘焙商品的品类中，蛋糕材料和糖霜通常被放置在相邻的货架上。如果顾客认为蛋糕材料的定价过高，则顾客将放弃购买蛋糕材料和糖衣。如果顾客认为价格较低，则可能提前购买，因此销量可能增加。而且，顾客也可能在其他零售店购物，因此，他们能够判断定价结构是否具有竞争力。定价是一种复杂而重要的零售战术。

促销策略

品类管理团队必须根据目的性品类、常规性品类、临时性/季节性品类，以及便利性品类的角色确定商品、品类和零售商的最佳促销策略。与促销相关的决策包括：

（1）选择促销类型；

（2）选择待促销的商品；

（3）确定商品促销的强度，包括时间和频率计划；

（4）通过销售量和产生的利润来评估促销活动的效果；

（5）交叉销售和搭售促销；

（6）将自家商品促销情况与竞争者进行比较。

零售业当前采用多种类型的商品促销，如"超级碗"促销、**购买点展示**（Point of Purchase，POP）、优惠券、频繁买家优惠、商品展示和样品试用、时装表演、主题促销（如独立日商品促销）、报纸广告和标志牌等。人们时常通过分析历史促销数据来确定某种特定促销形式的成败。选择促销商品时必须考虑几个因素，包括品牌忠诚度、商品当前销量、商品生命周期的阶段，以及竞争对手的促销策略。部分商品的促销力度比其他商品更强，有时会出现多种促销类型的组合，如电视广告、POP展示和优惠券等。客户基于以往的购物经验，开始预测促销的时间。每年可预期的促销活动包括黑色星期五（感恩节后一天）、12月26日、2月大减价和8月返校季促销等。

当新商品面市或销售额不符合预测时，促销时机也显得尤为重要。通常情况下，零售商或供应商执行的促销日历属于事先安排的计划，以便于协调活动。促销活动的频率取决于许多因素，包括过往促销历史、当前销售额、计划商品引进，以及季末销售等。零售商和供应商对促销活动的销量（即以促销价格售出的商品数量）颇为关注。最后，交叉销售机会和搭售促销在全年的促销活动中都很常见。例如，在五月五日节期间，零售商推销啤酒、玛格丽特鸡尾酒、薯条、萨尔萨辣酱、鳄梨调味酱和拉丁音乐。

促销是零售业的一项重要战术，然而，零售商和供应商必须根据销售额、毛利率或新客户试验来评估商品促销是否成功，以免促销活动的成本过高。商品促销是家庭和零售商的一种不断变化的技术策略。**数字视频录像机**（DVR）正在不断降低电视广告的有效性，因为用户现已能够快速浏览录制节目的广告。**植入广告**因此变得更加重要，在电视和电影中也越来越普遍。当你看到一位演员拿着一罐软饮料，罐身标志清楚地朝向观众时，便可以假设供应商已付费在电视节目或电影录制期间以这种方式推销商品。

推销策略

这种策略关注的是零售和营销的核心价值观，即在正确的时间与地点，销售正确数量的正确商品。核心问题在于"零售商是否已充分规划零售空间？"**推销策略**的重点在于零售商对空间、标牌和邻近区域的最佳利用。品类管理团队在优化空间分配时使用的是 JDA Intactix Space Planning、IRI's Apollo 或 ACNielsen's Spaceman 等软件程序。这些软件商品有助于品类管理团队管理空间、分析数据、执行货架图和植入广告。在实施推销战术时，必须评估以下属性：

（1）**品类在商店和通道内的位置**：目标商品在传统上被置于商店内的什么位置。品类管理包括额外的目标区域，即过道的中心。如果顾客步行至过道中心，则他们更可能走完这条过道，因此除了计划购买的商品之外，顾客还可能购买其他商品。

（2）**品类的货架布局**：成人肘部和眼睛之间的货架是放置最高标价或最大利润水平商品的最佳位置。对于儿童来说，最佳位置则是与购物车等高处的货架。以谷类食品来说：成人谷物放置于成人的视线水平；而儿童谷物则放置在较低的货架上。

（3）**最短提前期**：下一次交货前的最短供货天数。术语"最小—最大"通常用于表示以最优程度满足客户需求的条件下，给定商品的最小和最大单元数量。零售商试图通过确定最小值与最大值的方式减少或消除缺货情况。

（4）**货架容量或装箱数量**：货架上某一单品内的单元数量。

（5）**品类内的中类和小类**：根据客户决策树和供应商确定的中类内部的变化。

（6）**空间分配**：分配给店内某一品类的空间量。

（7）**品类标牌和促销**（Partnering Group，1995）。

另外，还必须确保推销活动适合目标顾客，并保证各供应商之间有所区别，且推销活动与品类角色和策略一致。完成评估后，即可编制货架图。如果货架图不存在问题，顾客将被吸引至品类区域和邻近地区，同时将有足够的库存以避免脱销（OOS）。

推销策略是品类管理的外在体现。当顾客在任何一家进行品类管理的零售店购物时，商品推销策略的成败是显而易见的。寻求特定商品的客户可能由于某些原因无法找到该商品——这种商品可能还有货或是缺货，视其预计需求、商品的按时交货和库存情况而定。确定商品所在的正确通道是购物者普遍面临的挑战。部分商品可能较容易找到，而指示其他商品的信息可能模糊不清。例如，大多数日用品店和大卖场在烘焙过道中放置胡桃与核桃商品，但有些商店则将坚果放置在零食过道中。准备烘焙胡桃派或核桃布朗尼的顾客可能认为胡桃与核桃应该置于烘焙过道中，但相反地，当胡桃与核桃被零售商定义为零食，则会被放置在零食过道中。（因找不到商品）而感到沮丧的客户可能因此放弃购买。这表明了商品推销中的一大挑战。小吃过道放有花生和爆米花；胡桃与核桃是坚果，但却不一定是零食坚果。在这种情况下，必须把重点放在顾客的思维过程中，而不是供应商的思维过程或商品的类型。

ECR 报告"如何实现消费者热情——战略消费者价值管理"中制定并提出了一个商品推销清单，其改编版如下：

（1）推销活动是否按照战略定位和战略目标进行，同时关注目标顾客？

（2）是否按照目标顾客的需求进行推销？

（3）商品推销是否反映出品类定义、战略及角色？

（4）是否有详细介绍商品组合及其可选商品？

（5）商品推销是否反映出顾客的决策树？

（6）是否以"符合逻辑"的方式将品类定位于顾客，以促进销售额增加？

（7）有关联的品类之间定位是否相近？

（8）商店中的品类设置是否鼓励冲动消费与计划购买？

（9）商品推销是否有利于增加购买？

（10）标牌是否正确？

（11）商品推销是否符合商店的整体战略和使命？

（12）商品推销能否营造理想的购物环境，吸引并留住顾客？（ECR Europe，2000）

微观市场营销

93

最后，或许也是最重要的，**微观市场营销**战术取决于你的观点。为了使其他的品类战术获得成功，必须了解你的主要客户是谁，同时意识到一种品类商品的购买者不仅局限于单一类型的顾客。零售商在顾客类型或微观市场营销方面寻求的信息通常包括：

（1）哪些人购买该品类商品（按照年龄、种族、性别、收入、生活习惯和生命阶段等人口学特征和生活方式因素划分）？

（2）在某一类型的消费者群中，他们是否都购买相同或相似的商品？

（3）他们多久购物一次？

（4）他们花了多少钱？

（5）他们的购物篮包括哪些商品？

（6）他们的购买数量是否与其他购物者相同？

（7）他们如何做出购买决策？

（8）他们是核心顾客吗？

（9）他们与国内其他地区的购物者相比来说如何？

在规划某一品类的微观市场营销时，零售商必须考虑到消费者的人口学特征和生活方式因素如何影响他们的购买行为。当顾客细分出现变化时，零售商必须确定面向目标顾客的最佳的微观市场营销方法，同时避免疏远其他顾客。零售商时常根据人口统计学特征、生活方式和购买行为所得出的客户相似性进行商店**集群**。例如，零售商可以按照种族、收入、生命阶段、天气、家庭规模、宗教偏好或国家地区等特点对门店加以分类。相较于目标顾客为老年人的商店，面向年轻家庭的微观市场往往（在商品和推销手段方面都）更为丰富。虽然各个商店可能相距较近，但其核心顾客或目标顾客并不相同，从而也影响到商品组合。

各品类都根据其在零售商店所承担的角色来分配（适当的）策略。零售商可根据该品类提供的数据，有效地实施其策略。尽管在一段时间后，所述策略可能成为例行事项，但详细而彻底的重新评估将有益于零售商及其供应商。

回顾

品类战术的目标是选择一项具体行动，以实现某一特定战略。五大战术领域包括：①商品组合；②定价；③促销；④推销；⑤微观市场营销。第一项战术是确定零售商的最佳商品组合。品类管理团队可以决定：①维持商品组合；②从商品组合中清除特定商品或淘汰某些商品；③在商品组合中增加某些新商品。商品组合的四大主要评估点包括：①顾客行为和忠诚度；②生产率指标；③品类现状；④市场趋势和类比情况。

确定最佳定价结构对于零售商的成功经营来说至关重要，这涉及营销和财务数据的分析。各品类与品类商品可通过价格点，及其对品类、零售商形象和盈利目标的贡献进行评估。确定商品的**价格点**时必须考虑如下几个因素：①商品批发价格；②预期利润率；③零售战略；④定价相关的品类动态。

94

品类管理团队必须确定商品、品类和零售商的最佳促销策略。零售业当前采用多种类型的商品促销，如"超级碗"促销、购买点展示（POP）、优惠券、频繁的买家优惠、商品展示和样品试用、时装表演、主题促销（如独立日促销）、报纸广告和标志牌等。与促销相关的决策包括：①选择促销类型；②选择待促销的商品；③确定商品促销的强度，包括时间和频率计划；④通过销售量和产生的利润评估促销活动的效果；⑤交叉销售和搭售促销；⑥将自家商品促销情况与竞争者进行比较（ECR Europe，2000）。

这种策略关注的是零售和营销的核心价值观，即在正确的时间与地点，销售正确数量的正确商品。核心问题在于"零售商是否已充分规划零售空间？"推销策略的重点在于零售商对空间、标牌和邻近区域的最佳利用。推销策略是品类管理的外在直接体现。当顾客在任何一家进行品类管理的零售店购物时，商品推销策略的成败是显而易见的。

最后，或许也是最重要的，微观市场营销战术取决于你的观点。为了使其他战术获得成功，必须了解你的主要客户是谁，同时意识到一种品类商品的购买者不仅局限于单一类型的顾客。在规划某一品类的微观市场营销时，零售商必须考虑到消费者的人口统计学特征和生活方式如何影响他们的购买行为。当顾客细分出现变化时，零售商必须确定面向目标顾客最佳的微观市场营销方法，同时避免疏远其他顾客。

关键术语

活动

● 举例说明实施各种战术的典型零售商。

● 说明战术变化影响品类的方式。

● 参观一家日用品店或大型商场，并通过观察十名消费者的过道购物情况以完成调查。记录：

· 在过道中的购物时长；

· 购买的商品数量；

· 购买商品的货架层次（膝盖、腰部、眼睛、眼睛上方）。

讨论问题

1. 列出并定义五大品类管理战术。

2. 分辨商品组合的广度和深度。

3. 列举出商品组合规划的四种选择。

4. 举例说明不同价格弹性水平的商品。

5. 列举并定义定价策略相关的基准。

6. 零售商对门店加以分类的好处是什么？

参考文献、来源、网址和推荐读物

● ECR Europe. 2000. *The essential guide to day to day category management.*

● Partnering Group. 1995. *Category management report.* Washington，DC：Joint Industry Project on Efficient Consumer Response.

9 购物者洞察

学习目标

本章结束时，学生应能够：

- 说明购物者洞察的观念是如何改变零售业的。

- 列出零售体验的各个方面。

- 引用零售商和购物者之间的沟通模式。

- 介绍零售商和购物者的三个触发点。

- 通过购物者行为的现实情况，识别零售神话。

- 区分购物行为的内部驱动因素和购物行为的店内驱动因素。

- 总结零售商所采用的数据收集技术。

- 区分顾客细分策略。

- 比较四种不同的购物模式。

- 将全新品类管理周期与旧周期进行比较。

- 评估采用购物者洞察的优势。

- 制定新的品类管理流程。

简介

零售业正在不断变化，其中也包括零售商实施品类管理的方式。在过去，零售商尤为专注于实施前几章所讨论的技术应用，以至于时常忽略购物体验。零售商认为，经营效率与关注客户体验之间存在一种折中办法。品类管理的最新发展是纳入**购物者洞察**的概念。本章重点介绍的是购物者洞察，以及 Partnering Group 于 2009 年为食品营销研究所制定的全新品类管理周期。

顾客在零售领域拥有众多选择。他们可以选择零售商、购物的时间，以及购买的商品和数量。顾客在零售体验的各个环节都有着自己的看法，包括：①商店的物理环境和位置；②员工的知识水平和态度；③商店商品组合的质量和数量；④商店对环境的承诺；⑤商店的价值/价格/现状。顾客可从朋友、家人、社交网站、互联网视频、博客及自身体验中获取信息。顾客还可以通过互联网与朋友、家人乃至全世界分享他们的经历。最后，客户将根据这些信息做出决定。零售商面临的挑战在于，通过开发尽可能优质的购物体验，然后将这种体验的可用性传达给顾客，从而为顾客带去其所盼望的购物体验。

当前零售商所面临的一大挑战在于需要在与客户沟通的过程中营造信任与参与感。现今世界由社交网络、博客和即时新闻所联系，零售商如果不能快速诚实地回应客户，就会失去客户群。通过制定方案，实现对客户行为、态度和动机的洞察是零售商希望借以克服信息障碍并成为顾客首选的方法之一。零售商、供应商和顾问试图根据大量数据预测客户的行为并为此而投入时间和金钱。一旦获得这些数据之后，零售商便希望借此操纵商店的购物环境，以满足顾客的需求。此类数据便被称作购物洞察。

定义购物者洞察

Win Weber 率先在得克萨斯州的超市连锁店 HEB 展开品类管理。他将购物者洞察定义为"理解购物体验所需的任何见解，包括购物者需求状态、购物场合、店内购物行为、货架购物决策背后的驱动因素，以及特定店内刺激的反应模式"。购物者洞察使零售商能在三大触发点对行为进行评估/影响：①**购物者推销**；②**购物者营销**；③**消费者营销**。各触发点在整个营销组合中发挥着重要作用。购物者推销通过商品组合来增强购物体验，并按照购物者需求确定货架图。其中包括店内驱动因素——过道/部门/商店布局、视觉展示、推销设备和促销品。购物者营销通过营销刺激为零售商和制造商品牌建立品牌权益。**品牌权益**包括品牌名称所产生的所有营销效益（相较于非名牌商品的营销效益）。消费者营销是指所有的店前沟通和促销，包括商品开发、包装和广告。

99

寻求高效实现购物洞察的零售商需要：①基于购物者洞察和购物者营销，制定并共享明确的可操作愿景和战略；②将零售商对购物者的洞察与组织内部的营销职能相结合；③重新定位品类管理、顾客营销、市场营销和消费者研究功能；④设计有效的购物者研究、购物者营销策略，以及业绩措施；⑤鼓励零售商组织内部，或鼓励零售商与供应商共同开展跨职能合作。总而言之，零售商需要开展详细考察，重新审视组织为构建零售商形象所付出的各项努力，从而为零售组织营造一个全新视角。

常见的零售误解

通过创造全新视角以开发购物洞察，是零售商面临的挑战之一。在深入了解购物行为时，零售商必须首先消除其先入为主对购物者抱有的观点或误解。哈特曼集团（The Hartman Croup，THG）明确了关于购物行为的四种常见误解：

（1）**品牌忠诚度促成购物行为**。零售商和供应商通常认为，购物者的购物行为是由**品牌忠诚度**所促成。实际上，大多数购物者是按照自身需要制定购物计划，并在计划允许的时间范围内确定目标商店，或**购物场合**。决策树也可用于评估购物者做出决定的方式。形成购物场合的决定包括：①为什么我必须购物？②哪里可以买到商品？③我什么时候可以购物？部分购物场合（如服装和家居摆设）往往更注重品牌忠诚度，而购买其他物品（如食品、清洁用品、家居和花园用品）却受到效率和经济的影响。

（2）**忠诚度建立在店内快速消费品（CPG）品牌之上**。许多广受欢迎的 CPG 品牌供应商和零售商认为，购物者是在零售商店内产生品牌忠诚度。但相反，品牌忠诚度受到品牌消费时的个人体验的影响。消费记忆是一大驱动力，而陪伴消费者、参与的活动，以及消费地点则是品牌忠诚度的基础。例如，与敬爱的祖父母分享软饮料的愉快记忆，或在香蕉布丁中品尝到香草威化的舒适感受，均使品牌得以与购物者的愉快体验建立联系，从而树立购物者的品牌忠诚度。

（3）**从父母或同龄人处习得购物行为经验。**顾客购物的方式是基于不同的场合，而非其父母或同龄人购物的方式。例如，顾客通过其对商品的重视程度，确定购物模式。当顾客购买不同于他人的衣服、鞋子、汽车、钱包和家居用品等商品时，他们会用选择更为周到的方式进行购物。然而，当顾客购买的商品对他们自己或他人来说均无足轻重时，他们将采用更为有效的购物模式。

（4）**顾客在购物时受到具体品牌和商品的购买欲驱使。**购物时，顾客受到其所在场合的驱使。购物体验受到顾客购物动机、购物体验的预期接受者，及其以往体验的影响。例如，在为儿童聚会购物时，父母的购物动机可能是以经济的价格为 20 名儿童筹划一场棒球主题聚会，而该聚会主题则与父母的童年聚会体验相类似。购物行为的驱动因素是购物者体验，而非商品或品牌（Hartman，2004）。

这些误解都有其现实基础，但现实情况稍有不同。零售商必须了解购物行为的驱动因素，以达到并超越购物者的期望。下一步则是收集必要的数据以应对购物者行为的现实性。①

信息收集

为了解购物行为的驱动因素，零售商需收集有关购物者的信息。购物体验受到众多因素的影响。在了解购物洞察时，应首先明确其两大基础，即内部驱动因素和店内驱动因素。

购物行为的**内部驱动因素**集中在购物者的需求、要求和行为之上。这些因素并未受到店内环境和营销的直接影响。内部驱动因素包括：

（1）购物之行或购物场合的目的；

（2）选择最符合购物者需求的零售商店或渠道；

（3）按照商品、品牌和零售商划分的品牌忠诚度；

（4）对商品或服务的认知与预期用途；

（5）购物者与消费者的生活方式；

（6）购物行为或模式；

---

① 英文原书中此段标号为"（5）"，考虑阅读习惯，避免产生误解，此处将标号删去。——编者注

（7）购物者动机。

购物行为的**店内驱动因素**包括零售环境或氛围的各个方面。其中，包括购物者在进入商店之前经历的广告和促销。店内驱动因素包括：

（1）商品的视觉推销；

（2）商店布局与设计；

（3）零售广告与促销；

（4）零售环境。

购物行为的内部和店内驱动因素对于整体体验来说十分重要。为确定购物者所需的驱动因素，零售商已就最佳购物者群体提出大致购物情况，而为取得潜在客户的信息，零售商和零售分析师通常使用以下数据收集方法：

（1）**观察**：Paco Underhill 为观察客户行为制定出广泛方案。Paco Underhill 及其工作人员以视频录制购物者的行为，随后进行分析。Underhill 注意到由商店设计和视觉推销技术所引起的几种不同行为：客户通常需要将他们的步行速度放慢至购物速度；在这个速度转变过程中，顾客无法看到全部商品。因此，在这个过渡区域仅可放置少量商品。相较于衣架上的商品，摆放于桌子上的可接触物体更受女性顾客的青睐。因此，在向女性顾客进行推销时，应将可接触物品放置在容易接近的地方。由于男性顾客的购物速度一般较快，且不喜混乱的购物环境，所以零售商应通过固定设备维持商品秩序，避免男性购物区域的过度推销。零售商还应使用安全摄像头观察和记录购物行为，并全程追踪购物者的购物体验。部分购物车已配备传感器，以便零售商在商店全场进行跟踪，从而获取信息。尽管观察获得的信息具有一定价值，但其无法就顾客的购物行为提供完整反馈。其他数据收集方法可使购物体验更加完整。

（2）**拦截访问调查**：收集客户信息的另一种方法是拦截访问调查。研究人员或商店员工在顾客购物时，或在顾客结束购物后拦停顾客，然后向顾客询问预定列表中的问题。此外也可向顾客询问购物车或背包中的物品。在检索特定购物体验的信息方面，这种面对面的方法十分有效，只要购物者能够与商店员工或研究人员分享真实情况。

（3）**储藏室库存**：部分研究小组将向顾客询问可否经常拜访他们的住处，清点他们购买的商品。其他研究机构（如尼尔森）也提出了一项计划，其中仔细挑选部分顾客作为美国购物者的代表。参与者则被称为小组成员。各小组成员将获得一部家庭扫描仪，在其购物返家之后，应扫描其购买的全部商品上的条形码，小组成员还应经常从扫描仪上传数据。这种数据收集方法可就特定客户提供丰富的购物数据，小组成员越多，零售商或研

101

究人员就越有可能确定购物者以类似方式购物的可能性。NPD 集团（www. npd. com）和 BigResearch（www. bigresearch. com）均为零售商和供应商提供小组数据。BigResearch 采用基于互联网的小组开发多种商品，供零售商跟踪购物行为和发展商店趋势。此外还可跟踪购物者用以查找信息的媒体类型。

（4）**焦点小组**：焦点小组是一种数据收集方法，其中的研究人员将邀请选定的顾客参加小组访谈。焦点小组通常采用录音或录像形式。主持人带领参与者研究一系列问题，以寻求研究人员想要的信息。小组访谈在双向镜面的房间内进行，以便零售商或供应商观察焦点小组的工作进展。

（5）**扫描仪数据**：零售商在每次交易中收集数据。收集到的数据以多种方式进行应用。在品类管理中，通过允许零售商增加、减少或清除排面商品，数据可用于完善各零售商店的商品分类。零售商还可以通过零售商店的比较，确定是否应该在商品分类中增加类似商店提供的商品（其他商店未有提供）。零售商也可以使用扫描仪数据，开始确定客户购物篮的概况。例如，零售商可能发现，花费较高的顾客购买的是诸如牛奶、鸡蛋、肉类、麦片和蔬菜等主食商品。通过查看购物篮，可以确定顾客一同购买的补充商品或顾客喜欢的特定品牌。所有这些信息都有助于零售商确定其顾客形象，同时也有可能了解顾客的购物习惯。但其中并不包括顾客希望购买，但未找到的商品，或顾客从其他零售商处购买的商品。多家零售商提供的扫描仪数据通常由 Nielsen 和 NPD 集团等公司汇编，从而向零售商提供单一市场的情况概览。近期推出的商品——Nielsen Answers 软件将多个来源的数据合并于关键绩效指标的图形显示之中，让零售商和供应商能够一眼了解零售商或品类的现状。该软件的购物洞察使品类经理能够立即注意到正在增长或遭遇困境的领域。随着如今数据体量的快速增长，品类经理必须快速做出决策，而 Nielsen Answers 等商品则应简化数据挖掘流程。

（6）**互联网调查**：众多零售商当前使用在线调查方式评估零售体验。调查涉及网站和销售交易相关的编号，编号数字则包括以下销售信息：①时间；②商店位置或号码；③出纳员；④值班经理。客户可登录网站，并使用此编码完成调查。这类调查通常较为简短，但除非顾客曾有非常糟糕或极为良好的体验，否则众多客户并不选择参与。因此，零售商通常会为客户提供潜在激励，以促使其完成调查。关于客户体验的常见问题类型包括：①商店氛围（清洁度、视觉推销、商店布局和设计）；②员工体验（员工亲和力与学识）；③商品（价格、价值与选择）。

（7）**购物者细分技术**：零售商和研究公司采用众多技术，根据生活方式和人口特征划分购物者：①年龄；②种族/民族；③性别；④家庭人数；⑤受教育程度；⑥收入；⑦邮政编码。美国人口调查局（www. census. gov）在人口普查期间收集人口统计数据，许多研究公司结合人口统计信息与生活方式数据，提出更为深入的概况说明。生活方式数据包括：①生命阶段；②兴趣；③愿望。Nielsen Claritas 等公司根据生活方式和人口统计数据对客户进行介绍。Claritas 旗下商品 Prizm 通过人口统计和生活方式数据对购物者进行细分，有助于零售商实现购物洞察。最古老的细分策略之一是 SRI Consulting Business Intelligence 于 20 世纪 70 年代提出的"价值观、态度和生活方式"（Values，Attitudes，and Lifestyle，VALS）。VALS 对购物者进行细分，并为各细分群体进行命名。最新的细分策略之一是"健康与可持续的生活方式"，这是一种关注健康、健身、环境、个人发展、可持续生活和社会正义的顾客细分群体。虽然购物者可以根据人口统计和生活方式数据进行分类，但这并不能代表购物者的完整情况。人口统计学和生活方式有时会随着时间的推移而变化，而有时也会迅速变化。

各种方法都具有重要作用，可确定购物者的基本情况。但采用组合手段的全局方法将形成更为完整的购物者概况，引导零售商实现真正的购物洞察。此外，在购物者定义与购物模式的确定方面，数据收集具有重要作用。

购物模式

购物者在购物时存在几种模式，具体取决于商品、品牌忠诚度、时间和金钱。由于 70% 的购买决策是在货架面前做出，意味着洞察顾客如何选购品类商品十分重要，这也是零售商和品牌经理所面临的挑战之一。此外，对于品类管理者而言，其意义在于，通过正确的标志、广告或促销，确保商品在适当时间处于正确的位置。尼尔森现已确定四种不同的购物者心态：

（1）**自动操作模式**：客户根据品牌选择做出决策。这些决策通常具有习惯性，顾客仅仅是"拿了就走"。品牌对于购物者来说并不重要，如果商品缺货，他们可能转而选择其他品牌。典型商品包括：咖啡、奶酪、黄油、瓶装水、蛋黄酱、坚果、软饮料和清洁剂。

（2）**实验性模式、多样化寻求模式或浏览模式**：当客户浏览货架寻找全新或不同的商品时，他们寻找的是全新的口味体验或有趣的新商品。典型商品包括：饼干、沙拉酱、口香糖、早餐棒、冷冻小吃、冷麦片、冷冻晚餐或主食。

（3）**Buzz 模式**：顾客根据新广告、创新包装或促销活动做出购买决策。典型商品包括：即饮茶、冰沙和酸奶饮料、运动饮料和能量饮料、巧克力等。

（4）**逢低买入模式**：顾客根据价格比较和促销做出决策，顾客的动机是省钱。典型商品包括：金枪鱼罐头、西红柿罐头、水果罐头和意大利面酱。

在购物体验中，每位购物者都会在某段时间进入一种或多种购物模式。购物行为的内部驱动因素和店内驱动因素在这些模式下将完全整合。人口统计和生活方式数据仍然重要，但任何分类中的购物者都可能出现这些行为，具体则取决于购买目标。在过去，零售商着眼于满足顾客需求和获得市场优势。孤岛思维致使零售商在面临挑战时的关注局限性较大，评估范围未有涉及可能影响市场或顾客的外部因素。随着购物者洞察对零售商的作用越发重要，品类管理开辟出的全新视角已将购物者洞察纳入其中。

购物者与品类管理

零售商当前关注的是改善购物体验和购物者行为所需的物流/效率。据来自 Partnering Group 的 Brian Harris 所述，最新的品类管理流程包括购物洞察。这种以购物者为中心的模式涉及：品类定义、品类角色、洞察生成、战略和战术计划、自主发展、计划发起与品类审核。尽管与旧模式非常相似，但该模式除顾及购物者外，还包含忠诚度计划所收集的信息。新模型是一项七步流程（见图 9.1），其中的数个步骤与旧流程相同。品类定义和品类角色仍然重要，构成品类发展的基础。然而，当前更为注重的是与整体零售策略和目的性品类保持一致。现在在仅有必要时才执行此步骤，目的在于缩短流程周期。新流程的核心包括：①计划审核；②洞察生成；③战略规划；④战术规划；⑤自主发展；⑥计划启动；⑦计划审核。当前的关注焦点是在同一品类中寻找关键机会，更深入了解购物者行为和关键业务问题的答案，即如何在提高底线的同时为客户提供服务。

在洞察生成过程中，零售商通过评估与以下方面相关的关键业务问题，审核当前的零售环境：①消费者和购物者；②商品和服务；③整体零售市场；④零售商和直接竞争对手；⑤购物者的忠诚度。本流程包括所有市场调查的典型步骤：审查当前状况，提出假设或问题，并分析数据——最终提供对购物者行为的洞察。当把购物者洞察融入品类管理之中时，零售商可以开始按照顾客的购物方式进行商品组合与推销规划。举例来说，顾客有

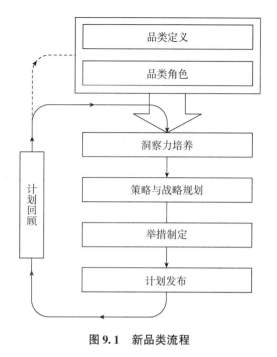

图 9.1　新品类流程

资料来源：由 Partnering Group 供图。

可能难以做出选择，零售商可以通过分析 POS 数据开展趋势观察，同时消除选项以确定既定品类的最佳商品组合。

在新流程中，战略和战术更为集中，消费者和购物者获得更多关注。战略侧重于其他零售商之间的差异，而战术则注重在局部基础上对该品类进行规划。五项全新战略包括：①转换战略；②交易战略；③爱好者战略；④消费战略；⑤购物者细分战略。转换战略旨在通过提高品类的易购性，促使购物者进入购买点。交易战略旨在鼓励购物者购买更大规模或更大数量的品类商品进行交易。这一策略也被应用于同一品类中的交叉销售，从而实现总销售额和利润目标。爱好者战略着重于品牌忠诚度较高或较为热情的购物者。这些购物者购买其喜爱品牌的大量商品，并不受价格的影响。为鼓励此类购物者消费，零售商将关注点转移至目标营销策略。消费战略的重点是鼓励购物者尝试新商品，通常是基于场合的购买决策。最后一项是购物者细分战略，零售商定位于特定的购物者分类，这一战略是零售商的销售额、利润和形象的重要来源，使供应商得以开发新兴的购物者群体。

在战略/战术整合中，零售商和供应商应该把两者联系起来。当决定某一品类的战略时，零售商应将战略目标、品类商品，以及零售商评估品类的方式与战术联系起来。战术将在局部水平上得到完善。

一旦战略与战术确定并联系起来，零售商就会在品类发布之前制定主动计划。目标是

105

在制定差异化和可持续性品类举措的同时，实施严格的成本/收益分析，及品类和品牌优先排序。这一步非常重要，因为其有助于零售商实现品类计划的分化与创新，并将重点放在最终由评分表评估的计划实施上。

计划发布包括各计划相关的详细实施计划、正式批准和执行承诺流程，并允许零售商设置可实现的评分表目标。改良后的评分表目标设置使零售商能够更为准确地衡量品类的成功（Partnering Group，2009）。

回顾

本章重点介绍了 2009 年 Partnering Group 为食品营销研究所开发的购物者见解和新的品类管理周期。顾客现在可以分享其在零售体验各个方面的相关意见，包括：①商店的实体环境和位置；②员工的知识水平和态度；③商店商品组合的品质和数量；④商店对环境的投入；⑤商店的价值/价格/现状。Win Weber 将购物者洞察定义为"理解购物经历所必需的任何见解，包括购物者需求状态、购物场合、店内购物者行为、购物决策背后的驱动因素以及对特定店内刺激的反应模式"。寻求高效实现购物洞察的零售商需要：①基于购物者洞察和购物者营销，制定并共享明确的可操作愿景和战略；②将零售商对购物者的洞察与组织内部的营销职能相结合；③重新定位品类管理、顾客营销、市场营销和消费者研究功能；④设计有效的购物者研究、购物者营销策略，以及业绩措施；⑤鼓励零售商组织内部，或鼓励零售商与供应商共同开展跨职能合作。

零售商必须确定推动购物者行为的现实情况，通过多种方法收集关于购物行为的数据，并对购物方式做出响应，以便为顾客提供最佳服务。据来自 Partnering Group 的 Brian Harris 所述，为食品营销研究所开发的最新品类管理流程便是纳入所述信息，并提供更优服务的举措之一。这种以顾客为中心的模式包括：品类定义、品类角色、洞察生成、战略和战术计划、自主发展、计划发起与品类审核。尽管与旧模式非常相似，但该模式除顾及购物者外，还包含忠诚度计划所收集的信息。

106　**关键术语**

自动操作模式　119　　　　　逢低买入模式　120　　　　　品牌权益　115

活动

●根据第 5 章所选的品类：

　●分析零售商的推销方式，包括但不限于：

　　·商品；

　　·品牌，包括自有品牌；

　　·品牌延伸；

　　·商品放置，包括货架到地高度、从左到右的距离等；

　　·相邻的商品展示位置；

　　·排面数量。

●评估推销组合的优势与弱点。

●你可以根据分析对购物者洞察做出什么假设？

●你会对零售商提出哪些品类建议？

●你是否相信他们已向顾客提供准确的服务？

讨论问题

1. 说明购物者洞察的概念如何改变了零售业。

2. 列出零售体验的各个方面。

3. 引用零售商和购物者之间的沟通模式。

4. 介绍零售商和购物者的三个触发点。

5. 通过购物者行为的现实情况，识别零售神话。

6. 区分购物行为的内部驱动因素和购物行为的店内驱动因素。

7. 总结零售商所采用的数据收集技术。

8. 区分顾客细分策略。

9. 比较四种不同的购物模式。

10. 将全新品类管理周期与旧周期进行比较。

11. 评估采用购物者洞察的优势。

12. 制定新的品类管理流程。

参考文献、来源、网址和推荐读物

- Lifestyles of Health and Sustainability. http：//www. lohas. com/

- Hartman Group. 2004. *Defining shopper insights：Our framework of understanding.* Bellevue，Washington：The Hartman Group.

- Hartman Group. 2005. *Extending shopper insights：Understanding cultural dynamics.* Bellevue，Washington：The Hartman Group.

- Nielsen. http：//www. nielsen. com/

- Nielsen Claritas. http：//www. claritas. com/

- The Partnering Group. 2009. *Shopper and category development：The next generation of best practices.* Food Marketing Institute（In press）.

- Underhill, P. 2000. *Why we buy：The science of shopping.* New York：Simon and Schuster.

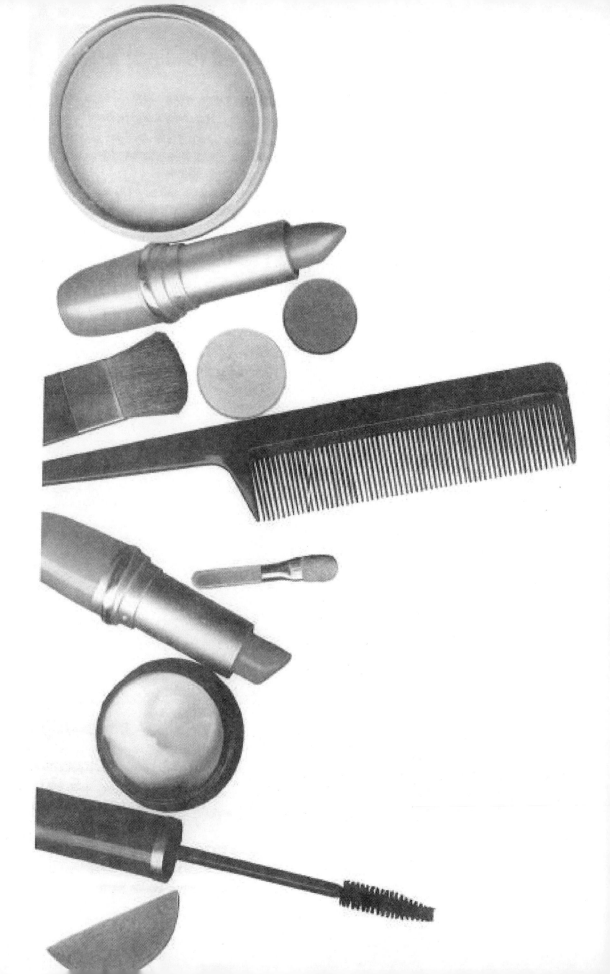

10　品类管理职业

学习目标

本章结束时，学生应能够：

- 列出空间管理和品类管理的共同职位。
- 确定在空间管理和品类管理领域寻找职位的途径。
- 举例说明雇主所寻求的技能。
- 讨论空间经理或品类经理的一般工作。
- 说明团队合作的重要性。
- 区分小组会谈的类型。
- 制定工作申请流程的策略。
- 讨论认证标准所需的能力。

简介

零售业提供许多就业机会。零售业内的技术相关职业（如**空间管理**和品类管理）在全球越来越受欢迎。职位的名称因组织和国家而异；然而，成功的技巧却是相似的。表10.1列出了许多常见的职位名称。本章重点关注的是空间和品类管理方面的职业准备。

表 10.1　按照品类管理协会规定与品类管理直接相关的常见职位

助理品类经理	品类管理销售技师
品类管理副经理	品类管理系统经理
副品类经理	品类经理
消费者洞察副总监	品类规划经理
品牌与品类发展经理	品类研究与分析经理
业务分析师	品类零售规划分析师
业务分析师主管	品类销售经理
业务发展品类分析师	品类销售规划师
商业信息经理	品类销售研究经理
业务营销分析师	品类专家
IT 业务规划师	品类战略经理
品类顾问	品类团队领导
品类顾问经理	品类贸易经理
品类分析师	品类贸易营销经理
品类分析师 II	品类/空间管理专家
品类业务分析师	连锁销售分析师
品类业务总监	渠道规划经理
品类发展分析师	消费者洞察经理
品类发展与购物者洞察经理	消费者研究与分析经理
品类发展助理	顾客品类管理顾问

续表

品类发展经理	顾客品类经理Ⅱ
品类总监	顾客发展洞察经理
品类信息经理	顾客洞察经理
品类洞察经理	顾客营销与品类管理
品类领导层经理	顾客营销经理
品类管理	顾客贸易市场经理
品类管理分析师	销售与营销分析师
品类管理助理	销售与营销决策支持分析师
品类管理洞察营销经理	销售规划与发展经理
顾客贸易营销经理	销售规划总监
库存销售分析师	销售规划经理
初级品类经理/品类分析师	销售定价分析师
市场洞察经理	销售战略经理
推销经理	货架分析师
模块化分析师	购物者洞察经理
货架图经理	空间管理分析师
补货经理	空间管理协调员
零售信息经理	空间经理
零售空间专家	空间规划师
销售与品类分析师	空间规划经理
销售与营销经理分析师	贸易分析师
销售与营销系统经理	贸易营销分析师
销售分析师	贸易营销经理

职位搜索

111

在空间管理和品类管理领域寻找职位的途径包括：①在职业网站（如 monster. com 和 careerbuilder. com）上寻找职位；②校园招聘活动和**招聘会**；③品类管理协会等专业组织；④与该领域的专业人士**建立联系**；⑤加入 Linkedin. com 等社交网站（拥有品类管理行业

的专业群体）；⑥参加 JDA Focus、供应链管理专业委员会、品类管理协会会议、运营管理会议与展览协会、全国零售联合会（NRF）会议、零售行业领导者协会（RILA）会议等专业或行业会议；⑦参加尼尔森新兴领导人计划等研究生培训项目。所有途径都提供了认识空间和品类管理职业的机会。出席会议则让你有机会与现场专业人士进行交流，并与招聘人员见面。品类管理职位的工作公告示例如表 10.2 所示。

表 10.2 品类经理的广告样本

职位：
• 负责推动品类领导作用
• 提供分析专业知识和项目领导
• 提供购物者洞察
• 了解当前行业趋势
• 明确未来机遇
• 监控市场与零售竞争者
• 分析与明确品类、中分类和品牌业绩等方面的机遇
资格认证：
• 学士学位
• 良好的技术技能
• Microsoft 办公软件操作能力与数据库报告技能较强
• 拥有消费者研究的分析与应用经验
• 拥有 IRI、ACNielsen 或 NDP 数据的经验
• 空间管理软件技能（Space Planning 或 Spaceman）
• 既可独立工作，也可参与团队合作

员工技能

任何雇主在聘用新员工时的目标都是找到一个能够在组织内取得成功，为组织增加价值，并希望留在组织中的人。雇主要求新员工具备众多通用技能，包括但不限于：①智力；②学习成绩；③**课外活动**；④相关工作经验；⑤入职公司的积极性；⑥领导/管理他人的能力；⑦良好的口头和书面沟通能力；⑧解决问题的能力；⑨团队合作；⑩与组织文化相适应的个性。除此之外，零售商还要求零售技术岗位的求职者具备如下能力：①计算机技能；②**分析能力**；③自我激励；④乐于学习；⑤良好的表达技巧；⑥了解**购物者洞察**；⑦了解联合数据或面板数据，并有使用经验。

大多数招聘人员认为，近年毕业的大学生精通 Microsoft Word 和 Microsoft PowerPoint 软件；然而，在零售技术领域，招聘人员也期望学生熟练掌握 Microsoft Excel，更需要求职者精通 Microsoft Access。零售商也可以使用 JDA Space Planning™、JDA Floor Planning™、ACNielsen Spaceman™或 IRI Apollo™等多种行业软件，搜寻具备相关技能的求职者。在使用所述软件包展示项目工作时，工作组合便是一种绝佳工具。

在品类管理中，具有良好的分析能力非常重要。零售商希望候选者了解到数据分析在空间管理、品类管理、商店布局和设计等决策方面的重要性。例如，零售商希望员工审核 POS 数据以确定品类、中分类、小分类和品牌的内部趋势。所述决策将导致货架上或商店中的空间增加或减少。业绩表现较差的品类可能在商店中占有较小的面积，而业绩好于预期的另一品类商品则占有更大的空间。员工应能够说明发生如此改变的原因，对两者的未来销售额进行预测，并以事实为依据，简洁地呈现信息。除分析 POS 数据之外，员工还需审查和分析联合数据，以确定是否有变化趋势将增加零售商的销售机会，或在竞争对手具有成功优势，而零售商不具竞争力的现状下，确定当前的销售趋势。

虽然大多数公司的职位皆以团队为基础，但未来的员工也必须能够自我激励。各品类经理或空间经理皆有一个强调责任层级的领域。虽然主管可能会给员工一个项目完成的时间框架，但一个成功的员工必须能够妥善管理自己的时间，为自己设定目标，并在很少或根本没有监督的情况下实现目标。一个员工可能身处数个团队中，并向几位主管汇报工作。部分团队同属一个部门，而其他团队则跨越数个职能部门。例如，品类经理可能与买家、商店布局和设计团队成员，以及房地产团队成员属于一个团队。在与团队合作时，谈判能力显得尤为重要。尽管每个人都必须在一定时候做出让步，但他们也必须能够以有说服力的方式表达自己的观点。

简历

准备面试的第一步是准备一份优质的**简历**。对于最近从大学毕业的学生来说，一份优质简历应按照**时间倒序**编制，内容准确，容易于准备，且仅有一页。发送给特定雇主的简历应着重强调学生与雇主所要求技能之间的关系。例如，零售商需要求职者具备：①相关工作经验；②职业培训；③课外活动。另外，在面试时，他们会提出一些问题来判断学生的知识、技能、才能、性格特征、价值观和社交技巧。面试可以是招聘人员与候选者的一对一面试，或以下三类**小组面试**中的一种：①一位招聘人员面试多位候选者；②一名以上招聘人员面试一名候选者；③多名招聘人员面试多名候选者。在多名候选者的小组面试时，所面临的挑战之一是确保其他候选者不会独占面试。在这种情况下，招聘人员可以在紧张的氛围中同时比较候选者的知识与个性。非言语语言（包括适当的目光接触）对于所有形式的访谈都很重要，但当涉及众多候选者时更是显得尤为重要。在小组面试中，求职者应将简历复印件分发给每位小组成员。

114 面试

面试是对潜在员工的关于候选者个性和有效沟通能力进行评估的首次机会。许多招聘人员通过评分方式，对各候选人的回答进行评价，然后在各类面试中进行候选者的分数排名。如果相较于其他候选者，一位候选者获得的招聘人员评分较高，则招聘人员将要求该候选者在面试过程中做出进一步表现。

当前许多雇主都采用**电话面试**的方式筛选潜在候选者。在电话面试中，招聘人员通常会向各潜在候选者提出一系列既定问题。此类面试完全**非个性化**；招聘人员甚至告诉求职者，其仅能重复提问，不可重述或解释问题。和其他类型的面试一样，求职者应该为面试做准备。在准备面试时，求职者应该提供简历副本、**职位描述**，以及招聘人员可能提出的问题清单。虽然招聘人员可能表示面试仅持续一段时间，但由于招聘人员可能早于或晚于预定时间打来电话，因此面试时间也有可能延长。在电话面试中，求职者将在电话中明智地选择职位，保证不出现中断或干扰是最为重要的注意事项之一。

另一种类型是个人面试，由招聘人员和候选者在传统的面试环境中进行面谈。招聘人员可以在大学职业办公室、当地或地区办公室进行面试，或者要求候选者前往公司办公室参加面试。在面试之前，许多零售商要求候选者首先完成筛选考试。这门考试可能涉及零售数学和软件技能（尤其是 Microsoft Excel）的演示。众多零售商也将核查候选者的信用评级，并要求进行药检。

空间管理和品类管理领域的大多数职位处于公司层面；因此，最终候选者通常在公司办公室参加面试。公司面试通常包括一系列面谈和一次或多次聚餐。由于公司需要为雇用和培训新员工支付费用，因此需尽可能多地了解潜在员工。其中涉及候选者的服装、行为、餐桌礼仪，甚至饮酒情况和后续行为等各个方面。此外，面试还包括与技术技能相关的问题。例如，许多零售商要求学生对自己的 Microsoft Excel 或 Microsoft Access 应用能力打分。这一问题的常见表达形式为："在 1 分到 10 分的范围内，10 分代表能够在 Excel 中编写宏命令，你将如何评价你的 Excel 技能？"在这种情况下，候选者不得夸大自身的技能水平，这点十分重要，因为面试官可能会针对候选者的不同回答级别提出后续问题。

跟进

学生完成面试后，应发送一封感谢信，向招聘人员表达自己对应聘职位的兴趣。虽然许多候选者选择通过电子邮件发送感谢信，但手写信函更加正式，往往更加令人印象深刻。招聘人员通常会向求职者告知，其将在规定时间内收到招聘人员的答复。相较于不符合标准的候选者，最为合适的候选者将优先收到招聘人员的联系。

成功准则

以下通用成功准则适用于任何背景环境下的任何职业。成功的员工可将这些成功准则融入到日常工作与生活之中。这一准则可使你在取得个人成功的同时，遵循组织文化。

（1）**为自己设定目标**：研究发现，为自己设定目标的个人往往具有责任感，因此更有可能完成或实现目标。

（2）**利用培训机会**：除了对新员工进行必要培训外，大多数公司还提供继续教育或培训课程。这些课程通常教授的是必要技能，帮助员工在职业阶梯上更进一步。对于已完成培训的员工，主管通常会留心其晋升事宜。

（3）**寻找导师**：在公司工作一段时间的员工往往是最好的导师。他们可以向新人展示"如何完成任务"，或只是向公司的其他员工介绍入职新人。

（4）**阅读商业出版物**：通过阅读商业出版物，可了解行业当前的趋势和研究现状。

（5）**阅读内部出版物**：通过阅读内部出版物，可了解所在组织相关的信息。例如，公司可能在内部通讯中公布其扩张计划，员工便可要求直属主管在新设商店中留意新岗位。

（6）**加入专业组织**：加入专业组织可提供与所在领域人员进行交流的机会，尤其是在年度会议或普通会议期间。这些组织的通讯或公告通常载有该行业的相关最新信息。

（7）**学习公司文化，遵守规则**：学习公司文化有助于更好地理解组织内部的"运作方式"。

（8）**在工作中明智地结交朋友（不要与抱怨者和搬弄是非者为伍）**：在工作组织里明智地结交朋友，由此形成的积极团体有助于取得成功。

（9）**制定道德规范**：道德良好的员工总是尽力做好自己的工作，所做决策也符合道德规范，即使不道德的决策更加易于达成，或不易为人所注意。

认证标准

除成功准则之外，有关技能和知识的共同标准也有助于确定自身的优势和弱点。成立品类管理标准和认证指导委员会的目的是解决品类管理专业人员在行业指导方针和技能组合方面所存在的机遇和差距。众多公司与大学院校为这一标准做出了贡献，其中包括：雅培营养、安海斯—布希、可口可乐、北美可口可乐、高露洁—棕榄、德尔蒙特、德保罗大学、胡椒博士集团、EJ Gallo、荷美尔食品、强生公司、江森自控、凯洛格、雀巢普瑞纳、圣约瑟夫大学、瑞典火柴、匹兹堡大学、西密歇根大学和箭牌。委员会还为品类管理专业人员制定了指导方针和技能组定义。他们的使命是为品类管理行业提出三个关键成果：

（1）制造商品类管理组织结构与角色的一般准则；

（2）品类管理角色的预期技能熟练度的定义；

（3）符合委员会标准的培训项目的认证，具有足够的严谨性，应当获得认可。

表10.3列出了品类管理小组内的角色，并对必要工作和标准技能做出大致描述。空间管理和品类管理专业人员现在拥有一个矩阵，通过这个矩阵，他们可以确定他们需要改进的技能和知识，以便在组织中取得进展。认证将认可具体技能的个人，并鼓励所有类别和空间管理专业人员追求更高水平的绩效和认证。

品类和空间管理在零售行业是一个相对较新的领域。随着技术应用的发展和变化，品类和空间管理也将出现变革。然而，知识和技能将共同转化为企业零售环境中的其他求职途径。求职者寻找的雇主应重视知识与技能，并提供组织内部的升迁机会。大多数企业团队具有跨职能性质，这使得员工得以了解其他领域，并确定其职业发展路径。

表 10.3　品类管理团队

多层次学习方案	已认证职业经历品类分析师 CPCA	已认证职业经历品类经理 CPCM	已认证职业战略顾问 CPSA
电子邮件、日历、任务与内容管理软件	已推荐		
文字处理软件	已推荐		
基本行业知识	已提出要求		
品类管理历史与进程	已提出要求		
定价分析	已提出要求		
推销分析	已提出要求		
商品分类分析	已提出要求	已提出要求	
电子表格开发软件	已提出要求	已提出要求	
演示开发软件	已提出要求	已提出要求	
空间规划软件	已提出要求	已提出要求	
联合数据软件	已提出要求	已提出要求	
联合面板软件关系数据库	已提出要求	已提出要求	
已推荐	已推荐	已推荐	
有效演示		已推荐	
道德预期和法律影响		已推荐	
联合商店级数据和零售商 POS 数据分析		已提出要求	
联合 Spectra 软件		已提出要求	
可行性洞察的机遇识别		已提出要求	
根本原因分析		已提出要求	
品类综述		已提出要求	
了解品类购物者行为		已提出要求	
利用基本业务解决方案的数据		已提出要求	
零售商经济与供应链		已提出要求	已提出要求
客户关系管理软件		已推荐	已推荐
联合商业计划与价值创造			已提出要求
合伙企业			已提出要求
咨询销售			已提出要求
了解品类范围以外的购物者行为			已提出要求
零售商购物者细分			已提出要求
利用高级货架解决方案的数据			已提出要求
利用高级商品分类解决方案的数据			已提出要求
高级定价分析			已推荐
高级促销分析			已推荐

资料来源：由品类管理协会提供。

回顾

零售技术领域提供了众多就业机会，特别是在世界各地的空间管理和品类管理方面。求职者可通过众多途径了解这一领域的工作职位，如专业组织、专业会议和职业招聘网站等。雇主希望新员工拥有较多的普遍技能，但这一领域的雇主在软件和分析技能方面也有所要求。

准备面试的第一步是准备一份优质的简历。对于最近从大学毕业的学生来说，一份优质简历应按照时间倒序编制，内容准确，容易于准备，且仅有一页。发送给特定雇主的简历应着重强调学生与雇主所要求技能之间的关系。面试是对潜在员工的候选者个性和有效沟通能力进行评估的首次机会。学生完成面试后，应发送一封感谢信，向招聘人员表达自己对应聘职位的兴趣。成功的员工可在组织中发展出一套工作准则，这一准则可使其在取得个人成功的同时，遵循组织文化。除成功准则之外，有关技能和知识的共同标准也有助于确定自身的优势和弱点。品类管理标准和认证指导委员会还为品类管理专业人员制定出指导方针和技能组合定义。品类和空间管理在零售行业是一个相对较新的领域。随着技术应用的发展和变化，品类和空间管理也将出现变革。然而，知识和技能将共同转化为企业零售环境中的其他求职途径。

活动

● 搜索职位网站的品类管理和空间管理职位。

- 在网上搜索简历写作技巧网站。
- 在网上搜索面试技巧网站。
- 在大学职业中心进行模拟面试。
- 请一群朋友参加模拟小组面试。

讨论问题

1. 你的背景和技能如何影响你在品类管理领域的职位？

2. 你如何计划改进现有的知识和技能，成为品类管理职位的首席候选者？

3. 在 1 分到 10 分的范围内，10 代表能够编写宏命令，那么你将如何评价自己的 Ex-cel 技能？请证明。

4. 举例说明你在团队中工作时，如何说服别人接受你的观点。

5. 举例说明你在何时认为团队需要一位领导，并自告奋勇地领导团队。

6. 说明你将如何准备小组面试。

7. 在面试时你会询问招聘人员的典型问题是什么？

8. 为什么你认为品类管理的专业认证很重要？

参考文献、来源、网址和推荐读物

- ACNielsen. http：//www. nielsen. com/
- Careerbuilder. http：//www. careerbuilder. com/
- Category Management Association. http：//www. cpgcatnet. org/
- Council of Supply Chain Management Associations. http：// www. cscmp. org/
- Information Resources，Inc. （IRI）. http：//www. us. infores. com/
- JDA Software. http：//www. jda. com/
- Monster. http：//www. monster. com/
- National Retail Federation. http：//www. nrf. com/
- Retail Industry Leaders Association. http：//www. rila. org/

索 引

（本索引所标页码为英文版页码，见本书边码）